Gruppe Giardino

Mut zur Kursänderung

Gruppe Giardino

Mut zur Kursänderung

Schweizerische Sicherheitspolitik am Wendepunkt

Zur Souveränität der Schweiz
gehört auch der Wille,
sie zu verteidigen.

Eikos

verlag@eikos.ch

www.eikos.ch
eikôs (griechisch):
hohe Glaubwürdigkeit,
hoher Grad des Vertrauens
(nach Platon)

Gestaltung: R. Hofmann
Bilder: M. Waldvogel
Druck: Akeret AG, Andelfingen
Titelbild: Die weltoffene Schweiz im Herzen Europas
(Satellitenaufnahme NASA Visible Earth; http://visibleearth.nasa.gov/)

ISBN 978-3-033-03917-9

Inhalt

Vorwort

Judith Barben

Es ist gar nicht so schwer, Realität und Propaganda auseinanderzuhalten. Man muss es nur wagen, sich tagtäglich seines eigenen Verstandes zu bedienen und dabei stets die Bodenhaftung in der Realität suchen – gemäss dem von Kant formulierten Wahlspruch der Aufklärung: «Sapere aude! Habe Mut, Dich Deines eigenen Verstandes zu bedienen!»[1] Genau das braucht es auch, um in der schweizerischen Sicherheitspolitik eine Wende zum Besseren herbeizuführen.

Dass dieses Buch nötig wurde, liegt nicht zuletzt daran, dass in den letzten zwei Jahrzehnten mehrere Wellen von Manipulation und Propaganda über unser Land hinweggeschwappt sind. Professionelle Manipulationsexperten, sogenannte «Spin doctors»,[2] versuchten uns weiszumachen, wir bräuchten keine Armee, wir seien sowieso zu schwach, um uns selbst zu verteidigen und unsere Nachbarländer würden uns im Notfall schützen. Diese Behauptungen entbehren jeder Grundlage. Die Schweizer Armee genoss bis in jüngste Vergangenheit in der ganzen Welt grössten Respekt. Die Schweiz ist zudem laut Völkerrecht verpflichtet, ihre immerwährende Neutralität auch mit Waffen zu verteidigen. Trotzdem liessen es die politisch Verantwortlichen zu, dass die Armee – klammheimlich und am Volk vorbei – massiv abgerüstet und desorganisiert wurde.

Die Autoren des vorliegenden Buches – alles hochrangige Persönlichkeiten aus Industrie, Verwaltung, Wissenschaft, Bildungswesen und Militär – haben sich aus Verantwortungsgefühl für die heutige und die kommende Generation zu-

---

1 Kant Immanuel: Was ist Aufklärung? 1799

2 Spin = Trick, Dreh

sammengeschlossen, um den jetzigen Zustand der Armee zu analysieren und gangbare Wege zu entwickeln. Aufrüttelnd, kenntnisreich und spannend geschrieben, beleuchtet das Buch neben dem Zustandsbild der Armee auch den historischen, wirtschaftlichen, sozialpolitischen und internationalen Kontext. Darauf aufbauend fordern die Autoren Mut zur Kursänderung. Dies setzt die innere Entschlossenheit voraus, die Unabhängigkeit und Freiheit des Landes zu verteidigen. Solche Wehrhaftigkeit ist Ausdruck tiefster Friedensliebe, denn ohne Freiheit gibt es keinen Frieden. Zudem hat laut Uno-Charta jedes Land das Recht, sich gegen Angriffe von aussen zu verteidigen.

Sapere aude! Das bedeutet auch, die Manipulationsmethoden der «Spin doctors» zu durchschauen. Eine davon ist das «Neurolinguistische Programmieren», eine hypnotische Psychotechnik aus Amerika. Die Bezeichnung «Neurolinguistisches Programmieren» besagt, dass man die Zielpersonen über die Wahrnehmung («Neuro») mittels sprachlicher Botschaften (also «linguistisch») «programmieren» oder vielmehr umprogrammieren will.[3]

Möchten Sie wissen, wie das funktioniert? Ganz einfach! Sozialpsychologen in Think tanks knöpfen sich das durchschnittliche Denken von Schweizer Bürgern vor, zerlegen es in seine Einzelteile, breiten diese mit viel Zwischenraum auf ihrer Spielwiese aus, legen ganz neue Elemente dazwischen, die da eigentlich nichts zu suchen haben, wie beispielsweise Kartoffeln, Blumenkohl, Zitronen oder Knoblauch, fügen das Ganze wieder zusammen und pflanzen die neue Mischung in die Köpfe ein, wo sie durch ständige Wiederholung in den Medien gebetsmühlenartig eingehämmert wird. Grössten Wert legen «Spin doctors» darauf, dass der Vorgang unbewusst, also vom wachen Denken unbemerkt abläuft. Die Methode greift deshalb direkt auf die emotionale Ebene zu.

---

3 Diese hypnotische Psychotechnik ist wie jede Form der Manipulation ein Missbrauch der Psychologie und ein grober Verstoss gegen die psychologische Berufsethik.

Im Fachjargon wird das Procedere so umschrieben: Zuerst werden die Zielpersonen mittels «Pacing» (Im-Gleichschritt-Gehen) aufnahmebereit gemacht. Dazu dienen einlullende Sprachmuster, die an vertrauten Wertvorstellungen anknüpfen.[4] Ist dies geschehen, folgt das «Unfreezing», die «Auftauphase». In dieser werden die angesprochenen Denkinhalte etwas aufgelockert, um in der nächsten Phase, dem «Moving» (Bewegen) aufgemischt und mit neuen Inhalten angereichert zu werden. Dann folgt die abschliessende Phase, das «Refreezing» (Wiedereinfrieren), in der das Ganze verfestigt und neu eingefroren wird.[5] Wundern Sie sich angesichts dieser Prozedur noch, dass das Denken in Sachen Sicherheit der Schweiz immer wieder durch Blumenkohl, Zitronen oder Knoblauch abgelenkt wird?

Ein Beispiel soll die Vorgehensweise veranschaulichen. Im Herbst 2013 wird über die Eidgenössische Volksinitiative der GSoA zur Abschaffung der Militärdienstpflicht abgestimmt.[6] Natürlich wissen auch die Initianten, dass ihre Initiative chancenlos ist. Doch es geht ihnen vor allem darum, die Armee weiter zu schwächen und die Stimmberechtigten zu verunsichern.

Von vielen noch unbemerkt, läuft zur Zeit der Drucklegung dieses Buches die Abstimmungskampagne für die Initiative schon auf vollen Touren. So wurden in letzter Zeit plötzlich, nachdem die Armee seit Jahren kein Thema mehr war, regelmässig grössere Artikel über relativ harmlose Armeefragen publiziert. Das war das «Pacing», die Einstimmungs-

4 Vgl. Stahl Thies. Neurolinguistisches Programmieren (NLP). Was es kann, wie es wirkt und wem es hilft. Mannheim: PAL 1992, S. 20, 23

5 Nach diesem Phasenmodell ging man auch im «Drei-Phasen-Kampf» gegen die «Abzocker-Initiative» von Thomas Minder vor – bekanntlich ohne Erfolg. Laut Drehbuch der «Spin doctors» von Economiesuisse sollte in der ersten Phase, «intern unfreeze genannt», «Verunsicherung geschürt» werden. In der zweiten Phase, «intern move genannt», wollte man neue Elemente einspeisen, während in der dritten Phase, «intern ‹freeze› genannt», «Ängste geweckt» werden sollten. Kurz, es ginge darum, «emotional zu werden» und «mehr auf den Bauch zu zielen», unterstrichen die Kampagnenführer. Vgl. Kneubühler, Kowalsky & Nolmans. Heisser Kampf. In: Bilanz 02/2013, S. 29–35

6 GSoA: Gruppe für eine Schweiz ohne Armee

phase. Dann – wie aus dem Nichts – erschien ein Buch des Think tanks «Avenir Suisse», das die absurde Behauptung in den Raum stellte, die geltende Militärdienstpflicht würde die Frauen diskriminieren. Dies, obwohl jeder weiss, dass Frauen in der Schweiz längst Militärdienst leisten dürfen. Diesen Unsinn griffen die Medien bereitwillig auf, walzten ihn breit und lenkten damit von der tatsächlichen Frage ab, ob die Schweiz weiterhin eine Milizarmee haben soll.

Das mediale Manöver zeigt, dass wir uns bereits in der Phase des «Moving» befinden, in der die Armeefrage «bewegt», das heisst aufgemischt und mit neuen verwirrenden Inhalten angereichert wird. Man darf gespannt sein, was sich die «Spin doctors» als nächstes einfallen lassen.

Pikantes Detail: Das obige Ablenkungsmanöver ist zugleich ein Anwendungsbeispiel des plumpen, aber zuweilen wirkungsvollen Psychotricks «feministischer Spin». Diesen empfahl ein PR-Profi einem mehrheitlich aus Frauen bestehenden Gremium wie folgt:

> *«Ich kann Ihnen sagen, meine Damen, es gibt eigentlich nur ein Thema, bei dem in Bern alles zusammenzuckt. Ja, man hat Angst vor Ihnen, meine Damen. Und nicht nur die Herren haben Angst, sondern auch die einflussreichen Frauen haben Angst vor Ihnen. Und daraus muss Kapital geschlagen werden! […] Wir müssen eine Einflussbasis schaffen und dieser Einflussbasis eine Machtbasis geben.»*[7]

Die unverblümte Handlungsanweisung zeigt, wie gezielt Emotionen und Einschüchterung benutzt werden, um verdeckte politische Ziele zu erreichen. Wie alle propagandistischen Vorgehensweisen verpufft aber auch diese wirkungslos, sobald man die Manipulation aufdeckt. Ein kleiner Hinweis auf den «feministischen Spin» genügt in der Regel.

Zurück zur Realität und zu Kants «Sapere aude»: Unsere

---

7 Wyser Markus. Zitiert in: Barben Judith. Spin doctors im Bundeshaus. Gefährdung der direkten Demokratie durch Manipulation und Propaganda. Baden: Eikos 2010, S. 68

Vorfahren haben uns ein Staatsmodell hinterlassen, um das andere Völker uns beneiden – ein gut funktionierendes Modell mit direkter Demokratie, Föderalismus und Subsidiarität, mit bewaffneter Neutralität als Beitrag zur Friedenssicherung, Humanitären Konventionen und Guten Diensten. Dieses Modell zu erhalten und zu schützen, ist unsere jetzige Generation in der Pflicht, damit auch die nächste Generation darin aufrecht und in Würde leben kann.

Mit mehr Transparenz in der Verteidigungsfrage kann der Souverän – das Volk – besser dazu beitragen. Diesem Ziel ist das vorliegende Buch gewidmet.

1. Überblick

Franz Betschon, Hermann Suter

Noch zu keiner Zeit standen der Gesellschaft so viele Kommunikations- und Informationsmittel zur Verfügung, aber auch noch zu keiner Zeit erfolgten so unverfrorene und systematische Desinformationskampagnen wie in der unsrigen. Dies betrifft nicht nur die weltweite Sicherheitslage, sondern auch die Sicherheit der Schweiz.[8]

Ein Land, dessen Armee keine nachhaltigen Antworten auf gefährliche Feindmöglichkeiten gibt, ein Land also, das sich nicht autonom verteidigen kann, setzt seine Souveränität aufs Spiel!

Erstmals objektive Liste

Grundlage dieser weiteren Betrachtung sind die beiden Schwarzbücher der *Gruppe Giardino* und weiterführende Literatur.[9] Hier wird zum ersten Mal eine objektive Liste von Literaturstellen verwendet, die auch späteren Historikern nützlich sein wird. Die Aufarbeitung der jetzigen Phase der Armeegestaltung wird allenfalls erst sehr viel später an die Hand genommen werden können, genauso wie die Phase 1870/71 auch erst jetzt richtig gewürdigt wird.[10]

Armee als Souveränitätsversicherung

Im Schwarzbuch I (Frühjahr 2011) wird vor allem auf die nicht vorhandene Ausrüstung hingewiesen. Wenn die Armee Teil eines Gesamtversicherungssystems der Sicherheit Schweiz,

---

8 Barben Judith. Spin doctors im Bundeshaus. Gefährdung der direkten Demokratie durch Manipulation und Propaganda. Baden: Eikos 2010

9 Die beiden Schwarzbücher der *Gruppe Giardino* erschienen im Frühjahr 2011 (Teil I) und im Herbst 2011 (Teil II) und können bei der *Gruppe Giardino* bezogen werden. Die wichtigste Ergebnisse werden in den Anhängen II und III zusammengefasst.

10 Von Arx Bernhard. Konfrontation. Die Wahrheit über die Bourbaki-Legende. Zürich: Verlag Neue Zürcher Zeitung 2010

sozusagen eine Souveränitätsversicherung ist, so wurde darin aufgezeigt, dass diese Versicherung eine Unterdeckung von circa 70% hat. Was wäre die Reaktion des Schweizer Volks, wenn es plötzlich feststellen müsste, dass zum Beispiel die AHV versicherungstechnisch nicht mehr voll gedeckt wäre? Diese Souveränitätsversicherung ist zudem vom Kapitaldeckungsverfahren abgeändert worden in ein Kapitalumlageverfahren. Umlageverfahren heisst im Falle der Armee, dass nur gerade so viel Material vorhanden ist, wie für die gerade laufenden Ausbildungskurse und -schulen zwingend gebraucht wird. Die Armee lebt von der Hand in den Mund, das dauernd zirkulierende Material wird verschlissen. Die Verfassung bestimmt jedoch eine voll ausgerüstete Armee!

Interne Dokumente des VBS (Eidgenössisches Departement für Verteidigung, Bevölkerungsschutz und Sport) zeichnen ein noch viel beängstigenderes Bild: Nicht nur wurden der vorgeschriebene Deckungsgrad stark unterschritten und das Kapitalisierungsverfahren abgeändert. Zudem wurde klammheimlich der Versicherungszweck neu definiert! Der Bürger meint immer noch, er habe eine Verteidigungsarmee, und weiss nicht, dass diese klammheimlich in eine Dienstleistungsarmee umgebaut worden ist.

Überhastete Reformen

Das Bild, welches das VBS und die Spitze der Armee sich von sich selber machen, verheisst nichts Gutes. Nachdem unsere Streitkräfte überhastet aus der Armeereform 95 in die Armee XXI umgebaut wurden, erfolgte aus dem «Entwicklungsschritt 08/11» nun schon wieder die «WEA» (Weiterentwicklung der Armee). Solchen Aktivismus verträgt nicht einmal eine Berufsarmee, geschweige denn eine Milizarmee. Während man also im VBS und innerhalb der Armeespitze offenbar überzeugt ist, das Beste zu tun, brechen an der Basis Stein um Stein aus dem Fundament. Die Armee XXI ist gescheitert, die Einsicht für eine Kehrtwende trotzdem noch nicht sichtbar!

Die Vernichtung von Material, Ausrüstung und Munition wurde im nachhinein durch verschiedene gesetzliche Erlasse notdürftig untermauert und im übrigen am Volk und am Parlament vorbeigeschmuggelt. Ein prominenter Vertreter der SP konnte deshalb vor noch nicht langer Zeit am Fernsehen erklären, seine Partei brauche sich nicht mehr um die Eliminierung der Armee zu kümmern, das tue inzwischen das VBS selber. Am Volk vorbeigeschmuggelt worden ist auch die Auffassung, eine moderne Armee hätte eine Dienstleistungsarmee zu sein und nicht mehr eine Verteidigungsarmee.

Ausbildung und Kampfwert ungenügend

Im Schwarzbuch II (Herbst 2011) wird gezeigt, dass zur furchtbaren Materialsituation hinzu noch die fehlende Einsatzfähigkeit kommt: Die Armee 2012 kann gar nicht rechtzeitig mobilisiert werden und hat einen ungenügenden Ausbildungsstand! Der Kampfwert des Heeres ist 2012 nur noch 30% verglichen mit 1992 und derjenige der Luftverteidigung ebenso (manche Experten gehen sogar auf 10% hinunter).

Diese Feststellungen beruhen auf VBS-Quellen. Dieses versuchte eine Weile, seine Ratlosigkeit mit immer neuen unbelegten Behauptungen zu erklären wie:

- Die Wirtschaft wolle ihre Mitarbeiter nicht mehr für Führungsfunktionen in der Armee freigeben.
- Studierende würden sich nicht mehr weiterbilden lassen wollen.
- Die Demographie, die Demographie ...
- Wir seien von Freunden umzingelt.
- Die Diensttauglichkeit der Jugend habe abgenommen.
- Der Zustand der Armee 2012 sei durch die Einschränkung der Mittel gegeben.
- Das Material sei völlig veraltet, es könne der Truppe nicht mehr zugemutet werden.
- Der Unterhalt sei zu teuer, und es würden Ersatzteile und Munition fehlen.

In Wirklichkeit sind Ersatzteile und Munition in grossen Mengen entsorgt worden. Trotzdem ist kein Sparerfolg ersichtlich. Transparenz über die Geldflüsse gibt es nicht. Wie sahen beispielsweise die Geldflüsse bei den verschiedenen Immobilientransaktionen und Materialverkäufen und -verschrottungen aus?

An die Adresse der GSoA:
Selbst die Armee 61 mit einem Effektivbestand von 781 500 Angehörigen der Armee[11] hat nie die materiellen und demographischen Möglichkeiten der Schweiz überfordert. Sie hat auch nie den vorbildhaften Ausbau anderer Staatsaufgaben, etwa der Sozialwerke, behindert.

In der Armee 61 wurden gerade einmal 13,5 Millionen Militärdiensttage (MDT) geleistet, was einem Berufsheer von circa 60 000 Mann entspricht.

Erstaunlicherweise teilen selbst im VBS ungefähr 70% der Mitarbeiter die Meinung der *Gruppe Giardino* unter vier Augen, unter sechs und mehr Augen aber bereits nicht mehr. Im Sinne der «3x5er-Regel» befinden wir uns am Ende der zweiten Fünfjahresphase, das heisst zehn Jahre nach dem Einführungsbeschluss der Armee XXI.[12] Dieser Zeitabschnitt ist bekanntlich die Phase der Durchhalteparolen, der kalten Füsse, der versteckten Hilferufe und der Schuldzuweisungen.

Skandale, notleidende Projekte und verschwundene Waffen

Derweil häufen sich die Skandale: Datenklau im Nachrichtendienst, notleidende Projekte in der Armeeinformatik, verschwundene Waffen, verschwundene Dokumente, verlorene Übersicht im Pisa (Personalinformationssystem der Armee), verschwendete Beraterhonorare, verlorenes Material und weitere Fehlleistungen. Verursacht ist die Häufung von Fehlleistungen durch einen

---

11 Zahl gemäss VBS (siehe Tabelle 4, Anhang 2)

12 Zur «3x5er-Regel» siehe Anhang I

Verlust an Projektmanagementfähigkeiten. Die gezwungenermassen und nicht aus freien Stücken ständig erfolgenden Meldungen über den Zickzackkurs des VBS haben dazu geführt, dass diesem Departement nicht einmal geglaubt wird, wenn es einmal recht hat, das Projekt Tiger-Teilersatz (TTE) lässt grüssen.[13]

Die Forderung der *Gruppe Giardino* nach einer umfassenden Generalinspektion durch neutrale Persönlichkeiten bleibt bestehen! Dabei könnte das Reservoir an kompetenten Milizoffizieren der Fachoffiziersgesellschaften wertvolle Dienste leisten.

Die weltweite und militärisch relevante sicherheitspolitische Lage hat sich verschärft und ist explosiv geworden. Russland wird von den USA provoziert und bereitet sich auf Abwehr vor. Ostasien erlebt eine Wirtschaftsblüte, Europa ist sicherheitspolitisch und wirtschaftlich demontiert und kann nicht mehr auf wesentliche Hilfe durch Nordamerika zählen.

Die Nato ist zu einer reinen Paradearmee reduziert worden. Die USA selber sind darauf angewiesen, ihre Wirtschaft auf Kosten der übrigen Welt durchzufüttern, halten aber immer noch das Bild der «only truly global power» aufrecht.[14]

Schweizer Industrie an Weltspitze

Andererseits ist die Schweiz zu einer Industriemacht erster Güte geworden, der Wohlstand ist einmalig und geradezu beängstigend im Vergleich zu Resteuropa, die Arbeitslosigkeit auf einem sehr tiefen Stand. Dies muss Begehrlichkeiten wecken. Hingegen hat die militärische Komponente der Sicherheitspolitik mit dem Ende des ersten Kalten Krieges ihren Zenit überschritten. Sie ist heute den sich stellenden Aufgaben nicht gewachsen. Das führt natürlich zur Frage: Soll nach der

---

13 Wirz Heinrich L. & Strahm Florian A. Der Tiger-Teilersatz in temporären Turbulenzen. Eine chronologische Dokumentation mit Daten, Fakten, Zahlen und Zitaten für das Jahr 2012. Schriftenreihe der Eidgenössischen Militärbibliothek und des Historischen Dienstes Nr. 50/2013

14 Brzezinski Zbigniew. The Grand Chessboard. American Primacy and its Geostrategic Imperatives. New York: Basic Books 1997 (Die einzige Weltmacht. Amerikas Strategie der Vorherrschaft. Frankfurt: Fischer 1999)

Armee auch noch die Wirtschaft durch die Politik in die Tiefe gerissen werden? Dies gilt es zu verhindern.

In der Sicherheitspolitik unseres Landes klaffen Wunsch und Wirklichkeit immer mehr auseinander! Die sicherheitspolitische Grundsatzdebatte muss auf breiter und transparenter Basis mit der Bevölkerung geführt werden. Das Volk will einen solchen Zustand nicht.

Verteidigungsfähigkeit verloren

Die eindrückliche Bilderstrecke in der Mitte des Buches zeigt in erschütternder Deutlichkeit, was alles an wertvollem und noch funktionstüchtigem Material in den letzten zehn Jahren ersatzlos vernichtet wurde. Diese «Politik der verbrannten Erde» erfolgte grösstenteils ohne gesetzliche Grundlage, wurde häufig an den offiziellen politischen Entscheidungsträgern vorbeigeschmuggelt und erfolgte mit Wissen der Armeeleitung. Rücksicht auf den Schutz der Wehrmänner im Einsatz und auf die Befolgung der Verfassung waren dabei kein Thema. Einsparungen wurden nicht erzielt.

Wenn die Schweizerinnen und Schweizer akzeptieren, dass die Bundesverfassung immer wieder verletzt wird, so ist dies eine interne Angelegenheit unseres Landes. Wenn die Schweiz aber aus freien Stücken auf eine Verteidigungsarmee verzichtet, so verliert sie damit im Aussenverhältnis automatisch ihren Anspruch, ein souveräner Staat zu sein! Denn zur Souveränität im völkerrechtlichen Sinne gehört auch eine eigenständige nachhaltige Verteidigungsfähigkeit.

Im September 2011 legte das Parlament die obere Ausgabenlimite für Verteidigungszwecke auf fünf Milliarden Franken fest. Da der Bundesrat keine Anstalten machte, sich daran zu halten, beschloss die Sicherheitspolitische Kommission (SiK) des Nationalrates im November 2012 eine Motion, in der sie den Bundesrat ultimativ aufforderte, Parlamentsbeschlüsse entsprechend zu respektieren. Dies ist seit langer Zeit das erste Mal, dass das Parlament nicht kuschte und deutlich auf den Bundesverfassungsartikel 167 pochte.[15]

Motion der Nationalräte

Zwar kann der Bundesrat gemäss Parlamentsgesetz davon abweichen, wenn er dies begründet. Im Gefolge dieser Motion, über die der Nationalrat noch beschliessen wird, erfolgte allerdings eine Begründung, die ins Witzbuch gehört. Der Bundesrat liess nämlich verlauten, dass er sich nicht an Parlamentsbeschlüsse bezüglich Verteidigungsausgaben zu halten gedenke und ausserdem, entgegen den Warnungen von Experten und ohne eigene Abklärungen, dass die Armee ihren Auftrag gemäss Verfassung ja erfülle.

Nachdem die resolute Motion der Nationalräte hoffen lässt, dass in diesem Gremium ein Erwachen aus der bisherigen Pflichtvernachlässigung stattgefunden hat, ist sich der Bundesrat offenbar immer noch nicht bewusst, welche Verantwortung er gegenüber dem Souverän hat. Dass sich diese lausige Auffassung im Bundesrat immer noch halten kann, ist zum grossen Teil der Desinformationskampagne der Abteilung für Öffentlichkeitsarbeit des VBS zuzuschreiben, die insgesamt die grösste ihrer Art in der ganzen Bundesverwaltung seit jeher ist.

**Und noch etwas ins Stammbuch der Erneuerer:
«Die moderne Obsession, ständig Altes zu überwinden und Neues zu kreieren, bietet keine Garantie dafür, dass die Verhältnisse besser werden. Das Neue hat sich einem ideellen Wettbewerb mit dem Alten zu stellen.»**[16]

---

15 Art. 167 BV hält fest: «Die Bundesversammlung beschliesst die Ausgaben des Bundes, setzt den Voranschlag fest und nimmt die Staatsrechnung ab.»

16 Lobe Adolf. Modern sein. Abschied von einem monumentalen Anspruch. Neue Zürcher Zeitung, 21.12.2012

2. Mut- und wehrlose Schweiz? Wir sagen nein

Carlo Jagmetti

Die Schweiz befindet sich seit einigen Jahren in einer Phase des Umbruchs. Davon betroffen ist in hohem Mass auch das, was man früher als Landesverteidigung bezeichnete. Viele befassen sich mit dem Fragenkomplex: Die Armeeleitung, das VBS mit seiner Bürokratie, der Bundesrat, das Parlament und das Volk. Neben diesen staatlichen Stellen kochen aber auch die politischen Parteien und zahlreiche Vereinigungen mit. Über den gegenwärtigen Zustand der Armee geben offizielle und andere Dokumente und Publikationen Auskunft. Die Situation ist deplorabel, und es ist offenkundig, dass unsere – ja erst etwas über zehn Jahre alte – Bundesverfassung in noch nie dagewesenem Masse missachtet wird. Wer ist verantwortlich? Darüber werden künftige Generationen befinden.

Neue Herausforderungen

Dass sich mit dem Abbruch der Berliner Mauer und seither die Welt verändert hat, wissen nach über zwanzig Jahren alle. Aus den Entwicklungen wurden aber bisher verschiedenartige Schlüsse gezogen, auch viele falsche, wie die heutige Lage zeigt. Denn «der Friede ist nicht ausgebrochen». Die Situation wird täglich komplizierter. Neue geopolitische Akteure wie China, Indien, Brasilien wollen mitbestimmen. Andere Staaten mit über 100 Millionen Einwohnern wie Japan, Indonesien oder Nigeria haben ihre Bedeutung. Die Entwicklungen in der islamischen Welt stellen eine schwer erfassbare Herausforderung dar. Ernährung beziehungsweise Hunger und andere humanitäre Katastrophen, Rohstoffe, Energie inklusive Nuklearenergie, Kriege, Terror, Kriminalität, Migration, Umwelt- und Naturkatastrophen sind Begriffe, mit denen die Weltbevölkerung täglich konfrontiert ist. Die wirtschaftlichen, insbesondere die finanz- und währungspolitischen Probleme und die Arbeitslosigkeit haben in den letzten Jahren die Menschen besonders beunruhigt, und die Folgen sind Armut und Zukunftsangst.

Brandherde

Die grosse Zahl von internationalen Brandherden erschwert die Situation auch noch. Die Dauerkrise der Eurozone und der EU selbst bilden den wirtschaftlich und finanzpolitisch gefährlichsten Brandherd. In sicherheitspolitischer Hinsicht geben besonders Nordafrika, der Nahe und der Mittlere Osten weiterhin Anlass zu grösster Besorgnis. Insbesondere die bürgerkriegsartigen blutigen Auseinandersetzungen könnten zu Flächenbränden ausarten. Die bereits heute anstehenden und die noch zu erwartenden humanitären Probleme sind kaum zu bewältigen und können ihrerseits zu weiteren Auseinandersetzungen führen. Die Nuklearpolitik Irans trägt zur Explosivität der Lage bei und kann jederzeit zu kriegerischen Auseinandersetzungen führen.

Zur Rolle der USA

In dieser Situation spielen die einzige gegenwärtige Supermacht USA und die Europäische Union besondere Rollen. Amerika ist unbestrittenermassen die mit Abstand grösste Militärmacht der Welt. Die USA führen Kriege, allerdings mit viel grösseren Verlusten als erwartet und mit militärischen und politischen Misserfolgen. Die Vereinigten Staaten wollen zwar offiziell nicht als Weltpolizist gelten, betrachten sich aber als zuständig für alle Teile der Welt, wo allenfalls amerikanische Interessen im Spiele sein könnten. Dass etwa China oder Russland ähnliche Ambitionen entwickeln könnten, erscheint a priori als völlig inakzeptabel. Amerika ist noch die grösste Wirtschaftsmacht, und das Potential für eine positive Entwicklung ist gewiss nach wie vor bedeutend. Mit der unglaublichen Staatsverschuldung und dem bewusst gesteuerten Zerfall des Dollars hat es Amerika zudem verstanden, die Kosten für seinen gewaltigen Aufwand zur Umsetzung seines Hegemonieanspruchs auf alle Nicht-Amerikaner abzuwälzen, die irgendwie mit dem US-Dollar zu tun haben.

Machtansprüche der Europäischen Union

Die Europäische Union ist eine Weltwirtschaftsmacht, allerdings ohne Macht; denn diese bleibt vorläufig trotz Ansätzen zu gemeinsamer Aussen- und Sicherheitspolitik bei den Mitgliedstaaten, insbesondere bei der Wirtschaftsmacht Deutschland und den Atommächten Frankreich und Grossbritannien. Das Vereinigte Königreich bleibt nach wie vor gewissermassen ein Aussenseiter, während Deutschland und Frankreich sich als Hegemone benehmen, was erstaunlicherweise von durchaus potenten kleineren Mitgliedstaaten akzeptiert wird. Damit wird das oft kritisierte Demokratiedefizit noch unterstrichen. Die Macht der Kommission basiert auf keiner demokratischen Basis und wirkt sich unverblümt zentralisierend aus. Subsidiarität passt nicht mehr ins Konzept. Mit dem überambitiösen Abkommen von Maastricht und den Nachfolgeverträgen hat sich die einstige bewährte Europäische Gemeinschaft zu einer Union entwickelt, die mindestens in bezug auf Europa ähnliche Machtansprüche stellt wie die USA hinsichtlich der ganzen Welt. Die Abfolge von Krisen ist der Verwirklichung dieser Machtansprüche abträglich, schränkt die Handlungsfähigkeit nach aussen ein und macht die EU zu einem schwierigen Partner.

Mut und Entschlossenheit

Nun ist es eben so, dass die Schweiz an der Aussenfront gerade mit diesen zwei Mächten und bedeutendsten Wirtschaftspartnern USA und EU besondere Schwierigkeiten hat, die Beziehungen positiv zu gestalten. Allzu viele Probleme haben sich aufgestapelt, und die Schweizer Regierung ist seit dem Zusammenbruch des kommunistischen Systems in Europa diesen beiden Mächten gegenüber immer mehr eingeknickt. Da sich die beiden Giganten dazu noch internationaler Organisationen bedienen, um Druck auf die Schweiz auszuüben (die OECD tut sich in dieser Beziehung immer wieder hervor), entsteht der Eindruck, die Schweiz sei von Aggressoren eingekreist, was noch durch die besondere Aggressivität der drei grossen Nachbarländer in Steuerfragen – von Deutschland auch noch betreffend die Flugbewegungen um den Flughafen Zürich – unterstrichen wird. Auf politischer Stufe ist es der Schweiz bisher nicht gelungen, den ausländischen Forderungen und Anfeindungen mit Mut und Entschlossenheit zu begegnen.

Landesverteidigung?

Was tut nun die Schweiz in dieser heiklen Situation? Sie schwächt ihre Verteidigungsbereitschaft jeden Tag ein bisschen mehr. Sie kann sich nicht zu einer angemessenen Budgetierung der Aufwendungen für die Landesverteidigung durchringen. Sie reduziert die Bestände der Armee. Sie stellt der Truppe nicht genug Ausrüstung zur Verfügung. Gleichzeitig wird alles, was früher diente, zerstört, nämlich noch brauchbare Waffen und Fahrzeuge, und die Befestigungen werden ausser Dienst gestellt. Die Frage nach der Art der modernen Bedrohungen ist in der Tat kaum umfassend zu beantworten, was aber nicht heissen soll, dass man das Alte ganz unbesehen über Bord werfen soll, besonders wenn man nichts Neues ernsthaft bereitstellt. Die Berufung auf die Neutralität wirkt hohl, wenn man nicht über die völkerrechtlich geforderte Verteidigungsbereitschaft verfügt. Der Slogan der «Sicherheit durch internationale Zusammenarbeit», umgesetzt vor allem mit der neutralitätswidrigen Partnerschaft für den Frieden mit der Nato, ist eine Ausflucht und schafft Illusionen. Wer kann denn im Ernst glauben, dass uns als Nichtmitglied der Allianz irgend jemand – vor allem etwa die Nachbarstaaten oder die USA – in der Not beistehen würde? Wunschdenken ist gefährlich. Der Souverän hat seinerzeit der Armee XXI zugestimmt. Das war vielleicht ein Fehler, aber ein insofern verständlicher, als der Entscheid wegen aufwendigster Behördenpropaganda und des Einsatzes raffinierter «Spin doctors» zustande kam. Wäre die Armee XXI gemäss Volksentscheid dann aber auch der Vorlage entsprechend realisiert worden, wäre heute immerhin ein minimales Instrument vorhanden. Aber diese Armee existiert in der geplanten Form nicht, und somit fühlt sich der Souverän hintergangen.

Was tun? Ein Marschhalt ist anzuordnen, ein unserer Bundesverfassung entsprechendes Konzept ist auszuarbeiten, das erforderliche Budget ist bereitzustellen. Die Schweiz muss damit eine moderne und möglichst umfassende Verteidigungsbereitschaft erstellen, die unsere Neutralität völkerrechtlich rechtfertigt und unsere Unabhängigkeit sichert.

Die Schweiz geniesst heute weit weniger Sympathien als in den vergangenen Jahrzehnten; sie wird beneidet, sie wird zur Kasse gebeten, ihre Souveränität wird zusehends geschwächt. Das dürfen wir nicht weiter dulden. Wir haben unseren Platz in der Familie der Nationen. Wir müssen diesen halten und dürfen nicht einfach klein beigeben. Als sogenannt reiches Land sind wir dazu durchaus auch materiell in der Lage. In einer Zeit, in der mit Milliardenbeträgen nur so um sich geworfen wird, darf man für die Sicherheit des Landes auch einige Milliarden einsetzen, sofern wir unserer Geschichte und der Zukunft unserer Nachkommen gerecht werden wollen.

3. 350 Jahre Militärgeschichte und nichts gelernt?

Hermann Suter

Seit dem Dreissigjährigen Krieg, dessen letzte Bedrohung mit dem «Defensionale von Wil» von 1647 abgewendet werden sollte, zieht sich die Tatsache durch die Militärgeschichte der Schweiz, dass das Land mit seiner Landesverteidigung oft nur ungenügend auf mögliche kriegerische Verwicklungen vorbereitet war. Sieht man genauer hin, stellt man bald fest, dass die Hauptursache für diese – für die Sicherheit von Land und Volk höchst gefährliche – Politik das Versagen der zuständigen politischen Behörden war.

Bis zur Gründung des Bundesstaates von 1848 war dies – vom Zwischenspiel der Helvetischen Republik 1798 bis 1803 unterbrochen – die Tagsatzung des Ancien Régime der Restaurations- und der Regenerationszeit. Ab 1848 und bis heute (!) trugen und tragen der Bundesrat und die eidgenössischen Räte (National- und Ständerat) die Hauptverantwortung für das Desaster.

Den teuersten Preis für dieses Versagen der Behörden hat die Alte Eidgenossenschaft mit dem Einmarsch der Franzosen von 1798 bezahlt. Es grenzt an ein Wunder, dass die Schweiz weder 1870/71 noch 1914–1918 noch 1939–1945 in einen Krieg hineingezogen wurde.

Die Schweiz im Dreissigjährigen Krieg (1618–1648)

Im Dreissigjährigen Krieg (1618–1648) und bis zum Bundesvertrag von 1815 hatte das schweizerische Militärwesen einerseits eine, sagen wir häusliche Komponente in den Militärorganisationen der Orte. Als Stichworte seien Zeughäuser, Trülltage, Grenzbesetzungen genannt oder auch die Bürgerkriege von 1653 (Bauernkrieg), 1656 und 1712 (Konfessionskriege). Andererseits gab es im Lande zahlreiche dynamische private Militär-Unternehmer. Es waren meist sogenannte Elite-Familien, welche allerhand Söldner warben, ganze Kompanien bis hin zu Regimentern aufstellten und diese vor allem ausländischen Dienstherren für deren machtpolitische Aspirationen zur Verfügung stellten.

Die Alte Eidgenossenschaft bestand bekanntlich aus einem losen Staatenbund. Die berühmte Tagsatzung war die einzige politische Plattform, an welcher sich die «Standesherren» (Delegierte der 13 Orte und Zugewandten) regelmässig trafen. Die Delegierten stimmten allerdings mit Instruktionen, das heisst, sie durften keine Beschlüsse fassen, ohne dass ihre Regierung die ausdrückliche Bewilligung hierzu erteilt hatte. Seit der Reformation, mithin der Spaltung in ein reformiertes (vorwiegend sogenannte Städtekantone) und ein katholisches (vorwiegend sogenannte Landkantone) Lager, wurde die einheitliche Beschlussfassung zusätzlich erschwert. Eigene Streitkräfte kannten die 13 Orte nicht, das Militärwesen lag bei den einzelnen Orten und Zugewandten. Je nach Lage wurde ad hoc ein Aufgebot zusammengestellt, zum Beispiel noch ganz am Ende der Alten Eidgenossenschaft für die Grenzbesetzung in Basel. Die Alte Eidgenossenschaft als Ganzes hatte also keine eidgenössische Armee bereit, welche sie im Bedarfsfalle gegen einen Angreifer von aussen zum Einsatz bringen konnte.

Im Sommer 1633 waren spanische (katholische) Truppen durch das Veltlin über den Stilfserjochpass nach Süddeutschland den dort stehenden (protestantischen) schwedischen Truppen entgegen marschiert. Die Zürcher Truppen räumten das Städtchen Stein am Rhein – wie weit der Antistes oder Vorsteher der Zürcher Kirche mit den Schweden ein Einverständnis unterhielt, bleibt eine der offenen Fragen der Schweizer Geschichte –, und prompt konnte der schwedische General Horn in Stein einmarschieren, den Rhein überqueren und ungehindert mitten durch den Thurgau dem Feind entgegen ziehen, das heisst vom neutralen Schweizer Boden aus das linksrheinische Konstanz belagern. Das war eine krasse Grenz- und Neutralitätsverletzung! Die Spanier drohten mit Vergeltung. Es bestand grosse Gefahr, dass die Eidgenossenschaft besetzt, ja sogar, dass ein Bürgerkrieg ausbrechen würde, denn die konfessionellen Lager waren in ihren Sympathien für die beiden ausländischen Kriegsparteien geteilt! Es kam zu einer langwierigen und bösartigen Auseinandersetzung unter den Tagsatzungsdelegierten. Einigkeit bestand lediglich darin, dass man – wollte man inskünftig derartige Grenzverletzungen verhindern – eine glaubwürdige gesamteidgenössische Streitmacht zur Hand haben müsse. Nach jahrelangem Verhandeln kam es schliesslich zum «Defensionale von Wil».

Das Defensionale von Wil

Das «Defensionale» wurde 1647 in Wil beschlossen. Es stellte eine Art Wehrordnung dar und sah erstmals einen gemeinsamen eidgenössischen Kriegsrat vor, welcher die Details für den Grenzschutz auszuarbeiten hatte. Die 13 Orte, die Zugewandten und die Gemeinen Herrschaften hatten im Bedarfsfalle je 12 000 Mann zu stellen. Die Kompaniestärke sollte 200 Mann betragen. Punkto Qualität und Glaubwürdigkeit blieb der Wunsch allerdings der Vater des Gedankens. Insgesamt blieb das eidgenössische Wehrwesen hoffnungslos veraltet. Knapp die Hälfte einer Kompanie konnte mit einer Muskete ausgerüstet werden – die andere Hälfte musste sich mit Spiess und Halbarte zufrieden geben.

Die verantwortlichen Behörden, in diesem Falle die Regierungen und Räte der 13 Orte, brachten es während 150 Jahren nicht fertig, das Wiler «Defensionale» wirklich umzusetzen. Einzelne Orte erklärten sogar in aller Form wieder den Austritt und suchten das Heil allein in den altehrwürdigen, aber für die praktische militärische Umsetzung nicht mehr genügenden mittelalterlichen Bünden.

Das ganz grosse Desaster (1798)

Als die Franzosen im Jahre 1798 die Alte Eidgenossenschaft überfielen, hatte sich die militärische Situation seit dem Wiler Defensionale kaum verändert. Die 13 Orte foutierten sich um ihre Verpflichtungen zugunsten einer glaubwürdigen eidgenössischen Streitmacht. Ausserdem herrschten Streit, Neid und Verdruss unter den Eidgenossen. So liessen etwa die Innerschweizer, Glarner und Zürcher die Berner bei deren Abwehrkampf gegen die französischen Invasoren im Stich. Das heisst, sie zogen wenigstens hin, aber angesichts der Auflösung des bernischen Staatsverbandes nahmen sie an den Kämpfen des 2. und 5. März 1798 nicht teil. Der Fall von Bern wurde zum Fanal des endgültigen Untergangs der Alten Eidgenossenschaft. Innert kürzester Zeit besetzten die Franzosen das ganze Land. Sie plünderten es in übelster Weise aus. Viele unschuldige Menschen verloren das Leben. Der 9. September 1798 ging als Schreckenstag des Nidwaldner Volkes in die Geschichte ein. Trotz heldenhafter Gegenwehr mussten auch die Schwyzer und Urner vor der französischen Übermacht kapitulieren. Gross waren auch die Leiden im Urnerland, im Muotathal und in anderen Regionen.

Besetzung und Ausplünderung

1799 kamen weitere grosse ausländische Armeen in das wehrlose und von Fremden besetzte Schweizerland. Österreicher, Russen und Franzosen bekämpften sich gegenseitig in der Schweiz. Weil das ganze Militärwesen auf dem sogenannten Kontributionssystem aufgebaut war (das heisst die Versorgung der Truppen musste aus dem besetzten Land heraus erfolgen), herrschten jahrelang grosse Not, Elend und Hunger. Das besetzte Land musste dem Kaiser Napoleon I. 16 000 junge Männer zur Verfügung stellen, welche dieser gegen den russischen Zaren nach Moskau in den Kampf führen wollte. Schliesslich traten gut 10 000 zwangsrekrutierte junge Schweizer und wenige freiwillige Söldner den Marsch ins ferne Russland an. An der Beresina deckten sie tapfer den Rückzug der geschlagenen «Grande Armée». Tausende bezahlten den Feldzug mit ihrem Leben. Nur wenige Hundert kamen verletzt, allzu oft verkrüppelt und traumatisiert zurück.

Der Hauptgrund für dieses tragische Geschehen, zusammen mit der politischen Reformträgheit der Alten Eidgenossenschaft, ist zweifellos die Tatsache, dass das Land unfähig war, eine glaubwürdige Armee aufzustellen und zu unterhalten und den frechen Franzosen – das Volk hat ihnen mancherorts in der Erinnerung den wahrlich nicht schmeichelhaften, von «Citoyen» abgeleiteten Titel «Sidian» verliehen – beim Einmarsch mindestens einen «hohen Eintrittspreis» abzufordern.

Versagen der Politik

Die Hauptverantwortung für dieses grösste Drama der bisherigen Schweizer Geschichte trugen auch in diesem Falle die politisch verantwortlichen Behörden, die «Kleinen» und «Grossen» Räte in den 13 Orten und Zugewandten, die teils ehrbaren, aber unflexiblen, teils auch korrupten Patriziate, Landvögte und weiteren Repräsentanten der Obrigkeit. Sie warfen – bewusst und unbewusst – Land und Volk 1798 dem französischen Drachen wehrlos in den Rachen.

Einzig Teile der Berner, Solothurner, Bündner und Walliser sowie die Nidwaldner, Urner, Schwyzer und Glarner setzten sich zur Wehr. Ihre – je einzeln antretenden – Streitkräfte hatten gegen die vielfach überlegenen Franzosen keine Chance. Diese Urkantone zahlten einen besonders teuren Preis für die militärischen Versäumnisse!

Stellvertretend für jene wenigen «Elite»-Familien, welche sich für das Volk gewehrt haben, seien der Schwyzer Alois von Reding und der Berner General Karl Ludwig von Erlach genannt. Letzterer wurde kurz nach der Schlacht im Grauholz von den eigenen Truppen ermordet.

In einem langwierigen, mühsamen und für alle – aber durchaus asymmetrisch – opferreichen Prozess wurde in einem halben Jahrhundert aus der Alten Eidgenossenschaft dann Ende 1848 der Bundesstaat, der heute noch unsere Heimat ist und der sich zu Beginn mit Ernst der militärischen Erneuerung widmete.

Gefährliche Lage während des Deutsch-Französischen Krieges (1870/71)

Im Jahre 1867 kamen in Genf die Menschen zu grossen «Friedens- und Freiheitskongressen» zusammen. Erstmals wurde hier von einer Idee der «Vereinigten Staaten von Europa» geredet und der Hoffnung auf einen dauerhaften Frieden Ausdruck gegeben. Der zentrale schweizerische Organisator, Elie Ducommun, erhielt übrigens 1902, zusammen mit Albert Gobat, für dieses ganz gewiss gut gemeinte Werk den Friedensnobelpreis. Noch sassen den Politikern die Schrecken des blutigen amerikanischen Sezessionskrieges (1861–1865) und der Krieg zwischen Preussen und Österreich (1866) in den Knochen. «Nie wieder Krieg!» hiess es landauf und landab.

Als der französische Kaiser Napoleon III. am 19. Juni 1870 Preussen den Krieg erklärte, erliess der Bundesrat eine Neutralitätserklärung. Die Vereinigte Bundesversammlung wählte den aargauischen Obersten und Inspektor der Artillerie Hans Herzog (1819–1894) zum General und bot fünf Divisionen (37 000 Mann) für den Grenzschutz auf.

> *«Dieses zahlenmässig ungewöhnlich grosse Aufgebot verlieh dem Neutralitätswillen den äusseren Nachdruck. Es sollte sich freilich zeigen, dass die Qualität der Armee weit hinter ihrer Quantität zurücklag […]. Kampfkraft und Organisation der Armee waren in mancher Hinsicht ungenügend gewesen. Die Armee hätte zu einer Grenzbesetzung ausgereicht, vorausgesetzt, dass nichts passierte. Sie kannte jedoch kaum einen brauchbaren Nachrichtendienst, und die verschiedenen Dienstzweige wie Sanitäts- und Veterinärdienst, Feldpost hatten improvisiert werden müssen. Die Ausbildung der Truppe war nach Kantonen verschiedenartig, meistens aber ungenügend […]. Diese Armee setzte sich noch aus kantonalen Kon-*

tingenten zusammen. Bewaffnung, Ausrüstung und Ausbildung hatten die Kantone nach eidgenössischen Richtlinien durchgeführt. Die einen hatten die Aufgabe ernster, die andern leichter genommen, aber alle hatten versucht, mit einem Mindestaufwand an Kosten durchzukommen. Der Gegensatz dieser gemütlichen Rückständigkeit des eidgenössischen Heeres zum operativen Einsatz der preussisch-deutschen Massenarmee war wirklich krass und musste nachdenklich stimmen.»[17]

Zögerlicher Bundesrat

General Herzog warf vor lauter Ärger über den Bundesrat, der ihm die dringend benötigten Verstärkungen verweigerte, zweimal (im November und Dezember 1870) den Bettel hin und reichte den Rücktritt ein. Der zuständige Bundesrat Emil Welti ignorierte Herzogs Protest und wurstelte selber weiter. Herzog liess sich auf dringendes Bitten von seiten des Gesamtbundesrates dann doch erweichen und harrte aus. Es muss als Riesenglück für den zögerlichen Bundesrat bezeichnet werden, dass die grosse Bourbaki-Armee enorm geschwächt aus der grossen Schlacht um Belfort zurückkam, dass sie, geschwächt wie sie war (Bourbaki hatte sogar versucht, sich das Leben zu nehmen und war durch Clinchant ersetzt worden), keinerlei feindliche Absicht gegen die Schweiz hegte und rund 90 000 Mann einigermassen geordnet interniert werden konnten. In seinem Bericht über die Grenzbesetzung von 1870/71 deckte Herzog mit unbarmherziger Offenheit die Schwächen und das Ungenügen der Armee auf.

Erwachen der Behörden

Jetzt waren die Behörden erwacht. Unter dem Motto «Ein Volk – ein Recht – ein Heer!» wurde für eine neue Bundesverfassung von 1874 geworben. Jetzt sollte der Bund auf mi-

---

[17] Dürrenmatt Peter. Schweizer Geschichte. Zürich: Schweizerische Druck- und Verlagshaus AG 1963, S. 551ff.

litärischem Gebiet das Recht bekommen, die Ausbildung aller Waffengattungen zu übernehmen. Den Kantonen blieben die Ausrüstung und die Verfügungsgewalt über ihre Truppen erhalten. 1875 erliess der Bund – gegen heftige Widerstände – eine neue Militärorganisation. So erhielten spezielle Kompanien in den Bataillonen Maschinengewehre. Angesichts des drohenden Gaskrieges wurde die ganze Armee mit Gasmasken ausgerüstet.

Zwar wurden in einigen Bereichen die gemachten Anstrengungen sichtbar und diese wurden auch von den europäischen Nachbarn mit Respekt zur Kenntnis genommen (zum Beispiel das «Kaisermanöver» von 1912: Die derzeitige Schweizer Armee sei «keine Quantité négligeable», hiess es in der Umgebung des zu Besuch weilenden deutschen Kaisers Wilhelm II.). Aber insgesamt blieb auch diese Armee doch nach wie vor hinter den Erwartungen zurück.

Mit veralteten Angriffsformen in den Ersten Weltkrieg (1914–1918)

«Die Führung lässt die rückwärtigen Treffen mit klingendem Spiel vorgehen und gibt mittels Trompetensignal das Zeichen ‹Alles zum Angriff› – die Tambouren schlagen Sturmmarsch – alles übrige wirft sich, auf circa 150-100 Meter vor dem Feind angekommen, auf den Zuruf ‹Marsch, marsch› in vollem Lauf und mit ‹Hurra-Rufen› auf den Feind, zurückgehen bedeutet den sicheren Tod.»

So stand es im Exerzier-Reglement von 1887, welches 1914 noch gültig war.

Am 9. Februar 1904 hatte der Russisch-Japanische Krieg begonnen. Der Bundesrat entsandte eine Offiziersmission an den Kriegsschauplatz. Oberstleutnant Fritz Gertsch kam aus der Mandschurei zurück und verlangte aufgrund seiner Beobachtungen ultimativ eine weitgehende Auflockerung der Schützenlinien, drang damit aber nicht durch. Auf das Schweizer Volk machte dagegen der klare Sieg des «kleinen Japan» gegen das «grosse Russland» tiefen Eindruck. In der «Allgemeinen Schweizerischen Militärischen Zeitung» von damals konnte man lesen:

> *«Seien wir jederzeit eingedenk, dass nur eine langjährige soldatische Erziehung den Sieg an Japans Fahnen zu heften vermochte und dass wir Schweizer, sofern wir gewillt sind, unsere Existenz zu behaupten, mit aller Energie gegen die Symptome einer kränkelnden Volksseele einschreiten müssen, wo Männlichkeit jeden Tag schwindet und wo das Geld den Begriff des Vaterlandes zu ersetzen droht.»*

Auf die Militärorganisation (MO) 1907 folgte die neue Truppenordnung 1911 (TO 11). Die Umsetzung der hier geforderten Verbesserungen wurde auf zehn bis zwölf Jahre veranschlagt. Die Neuerungen kamen vor dem Aktivdienst 1914–1918 kaum mehr zum Tragen. Zwar brachte die TO 11 den neuen Karabiner Modell 1911 – erst Ende 1915 war die ganze Armee damit ausgerüstet. Aber erst Ende 1916 wurden die alten, farbenprächtigen Uniformen durch das Feldgrau und die bisherigen Lederkäppi erst ab Januar 1918 durch den Stahlhelm ersetzt. Immerhin klappte die Mobilmachung im August 1914 ordentlich. Wirklich taugliche Operationspläne gab es auf Stufe Armeehauptquartier unter General Ulrich Wille zu Beginn des Krieges nicht. 1932, aus 20jähriger Distanz, schrieb Oberstdivisionär Emil Sonderegger zu den Ereignissen von 1914:

> *«Wir alle, Brigade-, Regiments-, Bataillons- und Kompaniekommandanten haben erkannt, dass wir samt unseren Truppen in ganz unzulänglicher Weise für den Krieg vorbereitet waren.»*

Die «Abrüstungs-Truppenordnung» von 1924

Nach dem überaus blutigen Ringen im Rahmen des Ersten Weltkrieges war es verständlich, dass allenthalten die Parole «Nie wieder Krieg!» erschallte. In Genf wurde der Völkerbund mit dem hehren Ziel gegründet, inskünftig politische Probleme friedlich zu lösen. Das inzwischen kommunistisch gewordene Russland präsentierte eine neue Ideologie, welche letztlich der Menschheit den «ewigen Frieden» versprach. Bundesrat und eidgenössische Räte liessen sich von der allgemeinen Dienstmüdigkeit und von der Hoffnung, dass es nie wieder einen Krieg geben könnte, anstecken. Die Armee verlor innert weniger Jahre sehr viel an Kampfkraft. Rudolf Minger, Präsident der nationalrätlichen Kommission, warnte und forderte neue Waffensysteme, Motorisierung, Flieger und Gebirgstruppen. Die seit 1919 im Nationalrat sitzenden Sozialdemokraten bekämpften die Truppenordnung 24 (TO 24). Nach den Erfahrungen mit den Truppeneinsätzen im Generalstreik von 1918 blieb die Armee für sie ein Werkzeug der Unterdrückung. Die Armee wurde zum Streitobjekt der Parteien. Weil die Infanteriekompanien um 30% reduziert wurden, wurde von der «Abrüstungs-TO 24» gesprochen. Schon 1921 hatte der damalige Chef des Eidgenössischen Militärdepartements (EMD), Bundesrat Karl Scheurer (ab 1919 Bundesrat), in einer internen Schrift resigniert festgestellt, es bestehe ein krasser Mangel zum Beispiel an Artillerie, Maschinengewehren, Minenwerfern, Infanteriegeschützen, Flammenwerfern. Fremdländische Kampfmethoden anzuwenden sei daher für die Schweiz zum vornherein ausgeschlossen.

Rudolf Mingers Aufholjagd kommt zu spät (1929)

Im Dezember 1929, nach seiner Wahl in den Bundesrat und zum Chef des Eidgenössischen Militärdepartements, ging Rudolf Minger mit aller Energie an die Arbeit und versuchte die gewaltigen Defizite in Sachen Ausbildung, Ausrüstung und weiteren Bereichen, welche die verlotterte Armee zeigte, auszumerzen oder mindestens zu verringern. Bundesrat und eidgenössische Räte liessen aber auch ihn sträflich im Stich. Mit dem Hinweis auf mangelndes Geld und vor dem Hintergrund der grossen Weltwirtschaftskrise dachte die «hohe Politik» in erster Linie an die sozialen Probleme und keineswegs an eine mögliche Kriegsgefahr. Immer noch galt «Nie wieder Krieg!»

Das Aufkommen des Nationalsozialismus (Hitler war seit 1933 in Deutschland an der Macht) brachte im breiten Volk einen Stimmungsumschwung. Jetzt begann die Angst umzugehen. Auch Bundesrat und eidgenössische Räte bekamen kalte Füsse. Um zu Geld zu kommen, lancierte Minger – zusammen mit dem Vorsteher des Finanzdepartements Albert Meyer – die legendäre Wehranleihe von 1936, die vielfach überzeichnet wurde. Noch im April 1939 lancierte Gottlieb Duttweiler mit seinem 1936 gegründeten Landesring eine Volksinitiative zur Beschaffung von 1000 Flugzeugen und zur Ausbildung von 3000 Piloten. Die Initiative wurde nach knapp anderthalb Monaten mit 92000 gültigen Unterschriften (nötig wären 50000 gewesen) eingereicht. Weil aber der Zweite Weltkrieg am 1. September 1939 ausbrach, kam die Initiative nicht mehr zur Abstimmung. Mingers «Aufholjagd» war definitiv zu spät gekommen.

Armee bei Kriegsbeginn in keiner Weise bereit (1939–1945)

Die Schweizer Armee war im Herbst 1939 in keiner Weise vorbereitet! Es fehlte schlicht an allem. Noch waren die Umorganisationen infolge der neuen Truppenordnung (TO 38) nicht wirklich «verdaut». Der Ausbildungsstand blieb unterdurchschnittlich. Es fehlte an Waffen, an Munition, an Artillerie und vor allem an Panzern und panzerbrechenden Mitteln. Schlimm auch, dass es keinerlei Aufmarschpläne gab. Es dauerte im Anschluss an die Mobilmachung der Armee gut anderthalb Monate, bis das Armee-Hauptquartier den «Fall Nord» – mithin die sogenannte «Armee- oder Limmatstellung» – fertig geplant hatte und die Heereseinheiten ihre Abschnitte zu deren Auf- und Ausbau übernehmen konnten. Immerhin hatte die Mobilmachung anfangs September 1939 – trotz einiger Aussetzer – relativ gut funktioniert. 120000 Mann besetzten die schlecht befestigten Grenzabschnitte. Das Gros der Armee (330 000 Mann) wurde in die «Armee- oder Limmatstellung» (Bündner Herrschaft – Walensee – Zürichsee – Wasserschloss – Hauenstein – Gempenplateau) gelegt.

Nach dem überraschend schnellen Zusammenbruch Frankreichs im Juni 1940 stand die supermoderne deutsche Wehrmacht an der Schweizer Westgrenze – im Rücken der Limmatstellung! Hitler erteilte – nach unserem gegenwärtigen Kenntnisstand – den Befehl für die Angriffsvorbereitungen gegen die Schweiz so, dass der Grossangriff am 12. August 1940 hätte gestartet werden können.

General Guisan hatte in der Zwischenzeit umdisponiert: Im Zentrum der neuen, «Réduit» genannten, Armeestellung standen die beiden Alpentransversalen Gotthard und Lötschberg-Simplon, die nach einem Angriff auf die Schweiz auf Monate hinaus nicht mehr für den Transport von deutscher Kohle und deutschem Stahl nach Italien verfügbar gewesen wären. Dazu musste General Guisan die Truppen aus der «Armee- oder Limmatstellung» herauslösen und ins Gebirge zurückziehen. Im Mittelland hätte die damalige Schweizer Armee gegen die deutsche Wehrmacht keine Chance gehabt. Weshalb es nicht zum deutschen Angriff gekommen ist, bleibt wohl für immer ungeklärt. General Guisans Réduit-Entschluss hat jedenfalls wesentlich dazu beigetragen, dass unserem Land letztlich der Krieg erspart geblieben ist.

Bundesrat und eidgenössische Räte hatten die Armee in den 20er- und 30er-Jahren grobfahrlässig und verfassungswidrig im Stich gelassen. Sie trugen die Hauptverantwortung dafür, dass die Sicherheit von Land und Volk in keiner Weise mehr gewährleistet werden konnte.

Einigkeit in Armeefragen (1946–1966)

Wie seine Vorgänger hat auch General Henri Guisan die Schwächen, die Fehler und Mängel, welche vor und während der Kriegszeit aufgetaucht waren, schonungslos zur Darstellung gebracht. Vor dem Hintergrund des Kalten Krieges haben Bundesrat und eidgenössische Räte die Warnungen ernst genommen und die Armee diesmal nicht wieder im Stich gelassen. Von entscheidender Bedeutung war während dieser Zeit auch, dass trotz aller Meinungsverschiedenheiten bis in höchste Militär- und Politik-Kreise hinauf mit – freilich nur teilweiser – Ausnahme der Linken Einigkeit darüber herrschte, dass die Schweiz unter dem Titel der «Bewaffneten Neutralität» eine starke Milizarmee brauche. Kontroversen gab es weitgehend nur noch um Einzelfragen wie «Infanterie- oder Panzerarmee?» oder «taktische Atomwaffen Ja oder Nein?».

Insgesamt aber gewährten Bundesrat und Parlament der Armee die benötigten Mittel. Das Ausland respektierte die schweizerischen Verteidigungsanstrengungen. Auf die Frage, ob die Nato der Schweizer Armee vertraue, erklärte der damalige Kommandant des europäischen Nato-Kommandos Shape (Supreme Headquarters of Allied Powers in Europe), der US-General Wesley Clark: «Switzerland can defend herself!» Auch höchste Kommandostellen der Nationalen Volksarmee der seinerzeitigen DDR stellten fest:

> *«Die Schweiz besitzt für ihre Grösse sehr starke und zugleich relativ modern ausgerüstete Streitkräfte – mit Ausnahme eines Teils der Luftstreitkräfte – und eine gut organisierte Zivilverteidigung […]. Die Mobilmachungsbereitschaft des Landes, insbesondere der Streitkräfte ihres Milizcharakters wegen ist hoch. Die geringe Friedensstärke ist kein Ausdruck mangelnder Kampfbereitschaft der Streitkräfte. Sie können mittels eines gut organisierten und funktionsfähigen Mob-Systems schnell auf Kriegsstärke gebracht werden […]. Die Abwehrkraft und der Abwehrwille der Schweiz sind vom Informationsdienst immer als gut eingeschätzt worden.»*[18]

---

[18] Military Power Revue der Schweizer Armee Nr. 1. Beilage zur Allgemeinen Schweizerischen Militärzeitschrift (ASMZ). Nr. 04/2007

Denn bis zum Fall der Berliner Mauer im Jahre 1989 blieb die schweizerische Milizarmee weitgehend intakt.

Politisch Verantwortliche begehen Verfassungsbruch

Das Desaster begann mit der nie abgeschlossenen Reform «Armee 95» und setzte sich mit der inzwischen total gescheiterten Reform «Armee XXI» fort. Die Hauptverantwortung, wie weiland 1870/71, 1914–1918, 1939–1945, trägt das Gros des Bundesrates und der eidgenössischen Räte. Aber auch die Kantonsregierungen haben sich von den Bundesbehörden (vor allem im Rahmen der Volksabstimmung von 2003 zur Armee XXI) über den Tisch ziehen lassen.

Heute, im Jahre 2012, ist die derzeitige Armee definitiv nicht mehr in der Lage, die Sicherheit von Land und Volk nach aussen und innen wirklich zu gewährleisten. Schlimmer noch: In grobfahrlässiger Verletzung des Artikels 58 der Bundesverfassung wollen der Bundesrat (und in dessen Kielwasser die Armeeleitung) gar keine Verteidigungsarmee mehr! Die Parallelen zu 350 Jahre Militärgeschichte sind erschreckend deckungsgleich. Wenn in diesen Tagen in «Bundesbern» endlich ein Umdenken einsetzt und die Milizarmee wieder jene Mittel erhält, welche sie dringend braucht, *wird es mindestens 15 bis 20 Jahre dauern, bis die Armee wieder ein Minimum an Verteidigungsfähigkeit erreicht hat.* Wie die Welt und das uns umgebende Europa dannzumal aussehen werden, ist offen.

4. Die Armee als Element der Sicherheitspolitik

Franz Betschon

4.1 Sicherheit – zwei theoretische Konzepte

Albert Stahel, Professor em. für Strategische Studien an der ETH und an der Universität Zürich, schrieb in einem wissenschaftlichen Gutachten:

> *«In der Fachliteratur zur Sicherheitspolitik stehen sich zwei theoretische Konzepte diametral gegenüber. Das erste Konzept vertritt die These, dass eine allgemein definierte Sicherheitspolitik existiert, die alle Politiken eines Staates umfassen, die einen sicherheitsrelevanten Bezug aufweisen. Es handelt sich dabei um eine Sicherheitspolitik, die die Sicherheitsbedürfnisse aller Menschen eines Staates zu erfüllen hat. In diesem Sinne beinhaltet eine solche Sicherheitspolitik nicht nur die Aussen- und die Verteidigungspolitik, sondern auch die Sozial-, die Gesundheits- und andere Politiken, die alle Sicherheiten der einzelnen Individuen abzudecken haben. Das Gesamtsicherheitsziel ist, wie der Altmeister der Sicherheitspolitik Klaus-Dieter Schwarz zum Vorwort eines Kompendiums über Sicherheitspolitik bemerkt hat, umfassend.[19] Eine solche Sicherheitspolitik hat sowohl die Sicherheit eines Staates und damit der Gesellschaft wie auch die Sicherheitsbedürfnisse der Einzelnen zu schützen und zu erhalten.»[20]*

Wer den Frieden will, der bereite sich auf den Krieg vor

> *«Das **zweite Konzept** beinhaltet das klassische Verständnis der Sicherheitspolitik, die schlussendlich auf die Verteidigungs- und die*

---

19 Schwarz Klaus-Dieter. Sicherheitspolitik. Analysen zur politischen und militärischen Sicherheit. Bonn: Osang 1978

20 Stahel Albert. Eine Konzeption der Schweizerischen Sicherheitspolitik der achtziger Jahre. In: Beiträge zur Schweizerischen Aussenpolitik. Universität Zürich 1980

Aussenpolitik begrenzt ist. Wohl existiert auch hier ein allgemein definiertes Sicherheitsziel, dieses führt aber nicht zu einer umfassenden Sicherheitspolitik. Dieses Ziel beschränkt sich darauf, alle Politiken eines Staates zu durchdringen, so auch die Verteidigungs- und die Aussenpolitik. Wie Schwarz seinerzeit zu Recht festgestellt hat, handelt es sich dabei um die militärischen Vorkehrungen eines Staates zum Schutz seines Territoriums und seiner Bürger gegen Bedrohung und Waffengewalt von aussen und entspricht damit weitgehend dem römischen Verständnis des ‹si vis pacem, para bellum› [Wer den Frieden will, der bereite sich auf den Krieg vor]!

Auch heute noch orientiert sich die Sicherheitspolitik der Schweiz an dem zweiten Konzept der Sicherheit. Dazu muss bemerkt werden, dass trotz der in den letzten 20 Jahren durch die Nato ausgetragenen Kriege dieses Konzept, das den Einsatz von Strategien zur Bewältigung von Konflikten und Kriegen mit Gewalt postuliert, aufgrund anderer Herausforderungen an Staaten und Gesellschaften wie die Veränderungen der Umwelt, langfristig unzweckmässig sein könnte.»[21]

Armeeauftrag mit Absicht vernebelt?

Die *Gruppe Giardino* teilt einerseits die Meinung von Albert Stahel, dass sich die sicherheitspolitische Diskussion in der Schweiz derzeit zu einseitig auf die Frage nach der Verantwortlichkeit der Armee im Gesamtrahmen konzentriert. Deshalb hat der Bürger auch nicht den Eindruck, dass der Gesamtbundesrat sich heute mit diesem Aspekt umfassend auseinandersetzt, sondern vielmehr den Auftrag an die Armee wissentlich möglichst vage und unklar lässt, um für die Bedürfnisse aller anderen Departemente auch noch möglichst viel Spielraum zu lassen. Die schweizerische Sicherheitspolitik während des ersten Kalten Krieges, aber insbesondere während des Zweiten Weltkrieges

---

21 Stahel Albert. A.a.O.

war ausserordentlich erfolgreich und international respektiert.

Es ist nicht so, dass man sich in unserem Land zu wenig mit sicherheitspolitischen Fragen auseinandersetzt. Wie die lange Liste der Publikationen der jüngsten Zeit zeigt, konnte man aber kaum viel zur Begriffsklärung beitragen.[22] Die Liste der Publikationen zeigt ferner, dass uns hier eine starke ordnende Hand fehlt, die auch die nötige militärische Ausbildung aufweist.[23]

4.2 Das konventionelle Verständnis von Sicherheitspolitik

Einfach formuliert bedeutet Sicherheitspolitik die kombinierte Wirkung von Aussen-, Wirtschafts- und Militärpolitik zwecks Erhalt des Wohlstandes und der Souveränität eines Landes. In einzelnen Ländern kommt ausserdem noch explizit die Technologiepolitik auf derselben Denkstufe dazu. Einzelne Länder unterhalten zu diesem Zweck ein Technologieministerium auf Regierungsebene oder handeln auch sonst stets bewusst technologieorientiert. Technologie wird dabei ebenso als eine Basisressource betrachtet wie Bodenschätze oder Erziehung. Technologiestrategisches Denken kann in allen sicherheitspolitisch erfolgreichen Ländern ausgemacht werden.

Bis zur Schaffung der Armee 95 wurden rüstungspolitische Entscheide stets auch unter technologiestrategischen Gesichtspunkten gefällt, wofür einige für die Industrie unseres Landes höchst erfolgreiche Projekte mit heute noch grosser Wirkung zeugen.

---

22 Vgl. Sicherheit Schweiz. Lagebericht 2012 des Nachrichtendienstes des Bundes; Sicherheit 2012. Aussen-, sicherheits- und verteidigungspolitische Meinungsbildung im Trend, ETH und MILAK Zürich 2012; Bericht des Bundesrates an die Bundesversammlung über die Sicherheitspolitik der Schweiz 6/2010; Armeebericht 2010 des VBS; Sicherheit und Verteidigungspolitik der Schweiz im 21. Jahrhundert. Avenir Suisse 2011; Sicherheit durch Kooperation mit Europa. Foraus-Diskussionspapier Nr. 6. Zürich Februar 2011

23 Spillmann Kurt R. & Künzi Hans. Karl Schmid als strategischer Denker. Forschungsstelle für Sicherheitspolitik und Konfliktanalyse der ETH Zürich. Zürich 1997

4.3 Das sicherheitspolitische Dilemma der Schweiz

Das Dilemma besteht darin, dass in erster Linie die genaue Abgrenzung des Armee-Zuständigkeitsfeldes nicht so klar ist, wie in der bestehenden Literatur vorgegeben wird. Die Kriegsschwelle verschiebt sich zwar vorläufig eher nach oben (siehe Kapitel 11, Graphik 8), unterhalb drohen aber ebenfalls Gefahren in bisher nicht gekanntem Ausmass. Es ist offensichtlich, dass solche Konfliktfälle die starke Mehrheit bilden, die das nackte Überleben der Schweiz nicht als letzte Konsequenz in Frage stellen. Dies dürfte der Grund dafür sein, dass Sicherheitspolitiker jeglicher Couleur relativ sicher zu sein glauben. Vorbehaltene Entschlüsse wären jedoch von erstrangiger Bedeutung, um im Ernstfall keine Zeit durch Kompetenzstreitigkeiten zu verlieren oder von Ereignissen nicht überrascht zu werden.

Schulung in Form von Gesamtverteidigungsübungen wären das Gebot der Stunde, und zwar nicht nur unter Stellvertretern, sondern mit den wirklichen Stelleninhabern. Ob dazu allerdings noch das nötige Instrumentarium in Form eines leistungsfähigen Stabschefs und Stabes operative Schulung mit allen Kompetenzen zur Verfügung steht, ist uns nicht bekannt. Es scheint, dass der offizielle Stabschef operative Schulung im Jahre 2011 längere Zeit krankgeschrieben war und ein Vakuum herrschte. Der Stabschef operative Schulung war ursprünglich als der zweitwichtigste Mann neben dem Generalstabschef (heute Chef der Armee) gedacht und erhielt seine Aufträge häufig vom Gesamtbundesrat, minimal vom Chef VBS.

«Visionen» des VBS und ein fragwürdiges Dokument

Die Abgrenzung der Zuständigkeiten wird durch ein Dokument der Armee erschwert, das im Juni 2007 vom VBS einseitig erlassen wurde und nicht etwa vom Gesamtbundesrat, wie es der Inhalt nahe legen würde. Das Dokument heisst «Strategie Schweizer Armee 2007» und wurde vom damaligen Chef der

Armee und vom Chef VBS unterschrieben und erlassen.[24] Wir haben keine Kenntnis, dass es je zurückgezogen worden wäre, jedenfalls hat es seine destruktive Wirkung bis heute getan.

Als «Vision VBS» heisst es darin unter anderem:

- *«Wir [das VBS, wohlverstanden!] sind das Kompetenz- und Leistungszentrum des Bundes […] für die strategische Sicherheit und Landesverteidigung. […]*
- *Mit unseren Leistungen garantieren wir [das VBS!] wesentliche Grundfunktionen des Staates, auf welche eine moderne Gesellschaft angewiesen ist […] [und]*
- *fördern […] [das VBS!] den gesellschaftlichen Zusammenhalt und tragen massgeblich zur politischen Stabilität und wirtschaftlichen Prosperität bei.»*

Dieses Papier signalisiert allen anderen Leistungserbringern in Politik und Gesellschaft klar und unmissverständlich, wer für das Wohl des Staates die letzte Verantwortung trägt, also auch nach wessen Pfeife alle anderen, inklusive die Wirtschaft, zu tanzen haben. Dass der Gesamtbundesrat nicht mit dem Erlass beauftragt wurde, zeigt, dass die Spitzen des VBS, das heisst der Chef VBS und der Chef der Armee, ziemlich alleine dastanden mit der geäusserten Auffassung. Sie haben sich aber anschliessend daran gehalten, was gelinde gesagt die Erklärung für das Scheitern der Armee XXI und letztlich die Veranlassung für dieses Buch der *Gruppe Giardino* ist. Damals muss eine gehörige Portion Hochmut – um nicht mehr zu sagen – die Köpfe der Verantwortlichen im VBS beherrscht haben.

Reglementechaos

Dabei war in der Schweiz seit Menschengedenken klar, dass die Armee nie in dieser Weise strategisch führt. Stets haben die entsprechenden Befehle «Operationsbefehle» geheissen. Eigenartigerweise ersetzte dieses Papier nicht etwa die par-

---

[24] Strategie Schweizer Armee 2007. Kurzversion. VBS

allel dazu stehende Reglementssammlung «Führungs- und Stabsorganisation XXI» vom 1. Juli 2004.[25] Im Vorgängerreglement (das lange Zeit keinen Nachfolger besass), den «Weisungen für die operative Führung» (WOF), war klar formuliert, warum die Armee so gar nicht führen kann und auch nicht darf: Sie hält gar nie alle strategischen Ressourcen in ihrer Hand und kann folglich auch nie darüber alleine verfügen. Schon in den genannten Weisungen (WOF) stand, dass nur der Gesamtbundesrat strategisch führen kann (und sollte). In dieser Auffassung war auch der spätere erste Chef der Armee (CdA), der das erwähnte unsägliche Strategiereglement 2007 in Kraft setzte, ausgebildet. Dass der Gesamtbundesrat nicht gegen letzteres opponierte, kann nur zwei Gründe haben: Entweder wurde er gar nicht darüber informiert, oder er hat bewusst das VBS ins Offside laufen lassen, nach dem Motto «Na, dann macht mal schön!».

Das Reglementechaos wurde auch vom stellvertretenden Chefredaktor der «Allgemeinen Schweizerischen Militärzeitschrift», Oberst im Generalstab, Michael Arnold beschrieben:

> *«Seit dem 1.1.2004 gelten die vier ‹Kopfreglemente› der Armee XXI: Kaum in Kraft, mussten die Raumsicherung neu geregelt, die Verteidigung angepasst, die Führungsabläufe und Begriffe geändert werden. Diskussionen um die innere Sicherheit, stetige Abbauschritte, Erfahrungen aus [der Führungsstabsübung] Stabilo 07 und zunehmende Fähigkeitslücken haben die ehemals kohärente Doktrin durchlöchert, zu Unordnung und Unrast geführt – mit erheblichen Folgen.»*[26]

---

25 Führung und Stabsorganisation der Armee (FSO XXI). Reglement 52.954 d. 1.7.2004

26 Allgemeine Schweizerische Militärzeitschrift (ASMZ). Nr. 07/2012, S. 4

Armeeführung als Diener der Armee

Dies war nicht etwa ein Auftragsartikel für die *Gruppe Giardino*. Die Schilderungen des Verfassers widerspiegeln die grosse Not an der Spitze der Armee! Und dies alles nur, weil sich Führungskräfte nicht mehr als Diener der Armee sehen wollten, sondern als «Strategen» unseres Landes. Und so stellt man denn auch weiter fest:

- Die Armee hat nicht nur keine Mobilmachungsorganisation mehr, sondern
- sie kennt auch keine wirklichen Armeebefehle mehr und
- Aufmarschpläne noch viel weniger.

Wieso soll sie eine Mobilmachungsorganisation haben, wenn die Armeeführung ja ohnehin glaubt, ihre Einsätze planen zu können, und wieso sollen Stäbe missbraucht werden, um Aufmarsch- und Operationsbefehle auszuarbeiten, wenn man ja sowieso nie zu kämpfen gedenkt?

5. Unveränderte Machtblöcke

Franz Betschon

5.1 «Alte» Kameraden

Die grossen Akteure zum Zeitpunkt des Erscheinens dieses Buches sind wieder die alten: Russland und China auf der einen Seite, die USA auf der anderen. Alle lassen sie Europa (die Europäische Union) vorläufig noch im Glauben, eine Rolle zu spielen. Sie haben aber völlig ungleich an Statur gewonnen (China) oder verloren (USA). Sie verfolgen dabei strikt nationalstaatliche Interessen, müssen dabei aber globale Ressourcennutzung einbeziehen und schaffen so Probleme, die globale Auswirkungen haben (siehe Rede von Putin vom 28. Februar 2012).

Noch zu keiner Zeit standen einer Gesellschaft so viele Kommunikations- und Informationsmittel zur Verfügung wie heute, aber noch nie erfolgte eine so unverfrorene Desinformationskampagne wie in unserer Zeit.[27] Dies betrifft nicht nur die weltweite Sicherheitslage, sondern auch diejenige der Schweiz. Und dies, obwohl das VBS zur selben Zeit die grösste Abteilung für Öffentlichkeitsarbeit in der ganzen Bundesverwaltung beschäftigt.

5.2 Russlands Weg seit der Wende

Bei der Verhandlung der Modalitäten für die Wiedervereinigung Deutschlands wurde Russland (Gorbatschow) der Verzicht auf eine Nato-Osterweiterung zugestanden. Dieses Verhandlungsresultat wurde nie schriftlich festgehalten, aber inzwischen von mehreren Teilnehmern bestätigt, unter anderen von Altkanzler Helmut Kohl in einem TV-Interview. Die

---

[27] Barben Judith. Spin doctors im Bundeshaus. Gefährdung der direkten Demokratie durch Manipulation und Propaganda. Baden: Eikos 2010

USA dachten aber nicht daran, sich daran zu halten, und dies war der erste «unfreundliche Akt», um es nicht deutlicher zu sagen.[28, 29]

So wird auch ersichtlich, warum Russland sich in der Ukraine und Georgien querlegte. Eine wesentliche Rolle bei der geplanten Umfassung Russlands spielt der problematische Korridor Frankreich – Deutschland – Polen – Ukraine (siehe Graphik 1).

Die Rede Präsident Putins

Im Jahre 2007 begann die Lage zu eskalieren: In München hielt zu der Zeit Präsident Putin anlässlich der jährlichen Wehrkundekonferenz eine Rede, die eigentlich schon lange erwartet worden war. Er nannte beim Namen, was schon längere Zeit gärte, nämlich den Umstand, dass sich Russland gegen die Politik der USA wehren will und erstmals seit zehn Jahren auch die Möglichkeit dazu hat. Der zweite Kalte Krieg begann sich damit aufzubauen. Kalte Kriege zeichnen sich dadurch aus, dass sie unsichtbar und lautlos sind, bei materiellen Folgen, die grösser sein können als bei offenen Kriegen.

---

28 Scholl-Latour Peter. Russland im Zangengriff. Putins Imperium zwischen Nato, China und Islam. Berlin: Propyläen 2006, S. 130 und 183

29 Primakow Jewgenij. Im Schatten der Macht. Politik für Russland. München: Herbig 2001, S. 206f.

Graphik 1 *So war die Nato-Osterweiterung ursprünglich gedacht (Quelle F.B.*[30]*)*

Ende April 2007 folgte die Fortsetzung: Präsident Putin kündigte ein Moratorium für den KSE-Abrüstungsvertrag an, den die Nato bisher auch nicht unterzeichnet hat (KSE = Vertrag über konventionelle Streitkräfte in Europa). Weitere Schlagabtausche folgten.

USA kennen rote Linie

Unlogisch ist die Idee eines sogenannten «Raketenschirms» für Europa, raketentechnisch ein Unding und – mit der wahren Begründung – der zweite «unfreundliche Akt» gegenüber Russland. Der wahre Grund ist das zugehörige Radarsystem, das in Polen aufgestellt werden soll und das den USA bisher ungeahnte Möglichkeiten eröffnen könnte, in den russischen Luftraum hineinzusehen (inzwischen spielt sich derselbe Vor-

[30] Betschon Franz. Das eurasische Schachturnier. Krisen, Hintergründe und Prognosen. Frankfurt/Main: R.G. Fischer 2009

gang am anderen Ende des eurasischen Kontinents ab mit dem Ziel, China einzukreisen). Kein Wunder, wurden die russischen Vorschläge, diese Installation gemeinsam aufzubauen und zu betreiben, abgelehnt. Erstaunlicherweise haben sich die USA in diese Idee festgebissen, sie, die sonst sehr wohl wissen, was eine «rote Linie» ist, solche Überlegungen aber ihren Kontrahenten nicht zugestehen.

In einer Agenturmeldung vom 30. Mai 2012 wird folgendes formuliert:

«Führende Politiker Russlands haben wiederholt festgestellt, dass sie das Raketenabwehrsystem, das die Vereinigten Staaten und die Nato in Europa aufbauen (und das sich gegen ballistische Raketenwaffen richten soll), als direkte Bedrohung der nationalen Sicherheit Russlands betrachten, und dies begründet. So sagte der russische Generalstabschef General Makarow am 3. Mai 2012, Russland könnte die Anlagen der Nato, wenn nötig, mit Präventivschlägen ausser Gefecht setzen. Präsident Putin unterstrich diese Drohung durch seine Absage der Teilnahme am G-8-Gipfel (vom Mai 2012 in Chicago) und des persönlichen Treffens mit Präsident Obama. Dennoch beschloss die Nato an diesem Treffen, die erste Phase des Verteidigungsschirmes zu realisieren.»[31]

Recht auf nationale Souveränität

Am 28. Februar 2012 erklärte der damalige russische Ministerpräsident und heute wiedergewählte Präsident Putin in einem Artikel in der Regierungszeitung «Rossiyskaya Gazeta» unter dem Titel «Die Garantien der nationalen Sicherheit Russlands» folgendes:

«In einer Welt wirtschaftlicher und anderer Umwälzungen gibt es immer die Versuchung, Probleme des einen auf Kosten des anderen zu lösen, durch Druck und Gewalt. Es ist kein Zufall, dass einige

---

31 Strategic Newsletter (Kurzfassung). Nachrichtenblatt des Schiller-Instituts. Wiesbaden Nr. 22/2012

Leute heute davon sprechen, dass es schon bald angeblich aus ‹objektiven Gründen› so sein wird, dass nationale Souveränität nicht für Ressourcen von globaler Bedeutung gelten soll. Was Russland betrifft, wird das auf keinen Fall, noch nicht einmal hypothetisch zutreffen. Anders ausgedrückt, sollten wir niemanden in Versuchung führen, indem wir uns selbst erlauben, schwach zu sein.» (Übersetzung F.B.)

Damit ist die russische Position festgelegt und auch begründet. Inzwischen plant Russland wieder Marinebasen ausserhalb seines Territoriums: auf Kuba, in Vietnam und auf den Seychellen. Bisher waren Tartus in Syrien und Sewastopol auf der Krim die einzigen solchen Stützpunkte.

Technologische Kooperation zwischen Russland und China

Russland hat sich mit China und Indien hauptsächlich im Rahmen der «Shanghai Cooperation Organisation» (SCO) abgesprochen, die sowohl ein militärisches wie auch ein wirtschaftliches Bündnis ist.[32] Dazu hat sich, einer vor kurzem veröffentlichten Agenturmeldung zufolge, zwischen Russland und China ein interessanter Hochtechnologietransfer abgespielt: In Akademgorodok ist China als Geldgeber eingesprungen und bestreitet inzwischen bereits 80% des Budgets. In diesem Wissenschaftszentrum, einsam in der Taiga versteckt, lebte und lebt heute noch ein grosser Teil der wissenschaftlichen Elite Russlands. Es hat bisher alleine ein halbes Dutzend Nobelpreisträger hervorgebracht und litt besonders unter der finanziellen Misere des Jelzinschen Russland. Aus dem Reich der Mitte ist eine Vielzahl hochqualifizierter Akademiker in diese Stadt gekommen, und diese holen sich hier die Hightechkenntnisse, die ihnen der Westen systematisch vorenthält. Ein Grund mehr auch für Europa, über das Thema Technologiekooperation endlich vorurteilsfrei nachzudenken.

---

32 Betschon Franz. A.a.O.

5.3 Die USA und Europa («Der Westen»)

USA und Nato

Mit dem Zerfall der Sowjetunion und damit dem Ende des ersten Kalten Krieges hätte tatsächlich bis circa 1993 die Chance bestanden, Russland in die Nato zu integrieren, und damit die Chance, neue stabile Verhältnisse zu schaffen. Aber die USA waren übermütig geworden. Russland wurde über den Tisch gezogen. Die amerikanischen Führer hatten ein anderes Ziel vor Augen, als Russland als gleichberechtigten Partner anzuerkennen. Was die eigentlichen Drehbuchschreiber, der kleine Kreis der neokonservativen Hardliner, im Nahen und Mittleren Osten und damit auf dem eurasischen Kontinent wirklich wollten, haben sie mehrfach dargestellt:

- Schaffung von berechenbaren «Musterdemokratien», die vor allem von der «only truly global power» Amerika kontrolliert und verstanden werden können
- Neugestaltung der Landkarte
- Kontrolle der eurasischen Landbrücke.[33]

Nato-Gipfelkonferenz in Chicago

Ende Mai 2012 fand in Chicago eine Nato-Gipfelkonferenz statt. Dazu fassen wir einen Leitartikel in der «Neuen Zürcher Zeitung» zusammen:[34]

- Das labile Gleichgewicht droht zu kippen.
- Dies ist die folgenreichste Verschiebung des strategischen Gleichgewichtes seit dem Ende des Zweiten Weltkrieges.
- Neuer strategischer Interessensschwerpunkt der USA

---

33 Vgl. Brzezinski Zbigniew. The Grand Chessboard. American Primacy and its Geostrategic Imperatives. New York: Basic Books 1997 (Die einzige Weltmacht. Amerikas Strategie der Vorherrschaft. Frankfurt: Fischer 1999)

34 Dedial Jürg. Schicksalsfragen einer Allianz. In: Neue Zürcher Zeitung, 19./20.5.2012; siehe dazu auch: Verein Sicherheitspolitik und Wehrwissenschaften (VSWW). Aktuelle geopolitische Entwicklungen und ihre Auswirkungen auf die Schweiz. Heft September 2011

ist Ostasien. Die USA können sich das gewohnte Engagement in Europa nicht mehr leisten. Europa muss sich selber überlassen werden.

- Europa hat sich bis jetzt nicht dazu durchringen können, genügend für seine eigene Sicherheit zu tun (Europa und die Schweiz haben stark abgerüstet).
- Amerika braucht seine Transportkapazitäten (über die Europa nicht verfügt, siehe unten: A400M-Debakel!) selber und muss sie nach Asien abziehen.
- Die Zeit des Laisser-faire für Europa ist vorüber.
- Es fehlt an Aufklärungs- und Kommunikationsstrukturen, an Präzisionsmunition und Luftabwehr-Kapazitäten.
- Es ist nicht auszuschliessen, dass Russland wieder in eine offene Konfrontation einschwenkt, wenn sein Kalkül mit der Vereitelung der westlichen Raketenabwehrpläne nicht aufgeht (siehe Kapitel 5.2). All dies wird sich primär im europäischen Vorhof abspielen.
- Es gibt keine grosse schützende (amerikanische) Hand mehr über unserem Kontinent.

Das A400M-Debakel

Hierher gehört auch ein kurzer Hinweis auf das sogenannte «Airbus A400M-Debakel»: Als sich Anfang der 90er Jahre des letzten Jahrhunderts zeigte, dass die europäischen Nato-Mitglieder auf Wunsch der USA auch ausserhalb des eigenen Territoriums eingesetzt werden sollten, wurde der erschreckende Mangel an Lufttransportkapazität offensichtlich. Das definierte Transportflugzeug, die heutige A400M des europäischen Airbuskonzerns, sollte die Lösung bringen. Zwar hätte die ukrainische Antonow eine Lösung bereits zur Verfügung gehabt. Dieser ehemals sowjetische Hersteller hat weltweit die grössten Erfahrungen im Bau solcher Grossflugzeuge. Nur: Es mussten «westeuropäische Bananen» sein, und deshalb wurde Airbus beauftragt, das Rad neu zu erfinden. Das Resultat bis heute: Die europäischen Nato-Partner verfügen ohne die USA immer noch über keine Lufttransportkapazität (die Schweiz übrigens auch nicht) und müssen allenfalls Flugzeuge teuer bei Antonow einmieten. Das Programm hat bis heute bereits vier Jahre Verspätung bei den Auslieferungen und Kostenüberschreitungen von circa 30% (Mehrkosten gegenüber Antonow: über 50%).

Die militärischen Misserfolge seit dem Zweiten Weltkrieg und die ungeheuren Kriegskosten im Mittleren Osten haben die Nato gezeichnet. Sie hat sich selber die Finger abgehackt, die nötig wären, um eine Faust zu machen. Die Einsatzbereitschaft der verbleibenden Streitkräfte ist auf einem sehr tiefen Niveau.

Fein gesponnenes Netz von Abhängigkeiten

Die USA treffen noch keine Anstalten, sich global zu bescheiden. Sie investieren weiterhin allein circa 50% der weltweiten Rüstungsausgaben. Sie brauchten sich bisher aber keine Sorgen finanzieller Art zu machen. Durch ein fein gesponnenes Netz von Abhängigkeiten brachten sie bisher die ganze Welt dazu, sich gegen letztlich wertlose amerikanische Regierungsanleihen unbegrenzt an diesen Kosten zu beteiligen. Sie überziehen auch die ganze Welt ungefragt mit wirtschaftspolitischen Sanktionen, sofern sie nicht kuscht. Dass das ganze amerikanische Schuldenfinanzierungssystem letztlich auf dem Prinzip des US-Dollars als Weltwährung basiert und dass genau dieses System bei Drucklegung dieses Buches am Kippen ist, können die USA nicht mehr innert nützlicher Frist korrigieren. Es ist ein eigentliches «Schneeballsystem».

Das politische und wirtschaftliche Europa

Die Beschäftigung mit diesem wichtigen Teil der sicherheitspolitischen Gegenwartsgeschichte soll eigentlich nicht Gegenstand dieses Buches sein. Die Nachrichten zu diesem Thema sind sehr schlecht, und täglich treffen neue Hiobsbotschaften ein. Ein Umschlagen in militärische Gewalt war mindestens früher in solchen Fällen die Regel.

Wenn auch heute wegen der Verzahnung innerhalb des Kontinents europäische Landkriege unwahrscheinlich geworden sind (zwischen Teilstaaten der USA oder Kantonen der Schweiz gibt es diese ja auch nicht mehr), so steigt doch die Wahrscheinlichkeit von massivsten wirtschaftspolitischen Erpressungen.[35] Gegen Erpressungen irgendwelcher Art ist der militärische Arm der Sicherheitspolitik immer noch unerlässlich, wenn es um das nackte Überleben geht.

Und dennoch werden in diesem Buch immer wieder Querverweise in politische oder wirtschaftliche Bereiche nötig, um militärische Vorgänge in das Gesamtsystem einzuordnen.

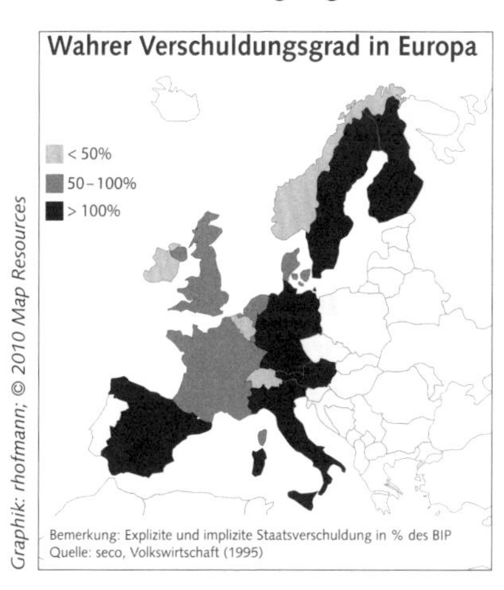

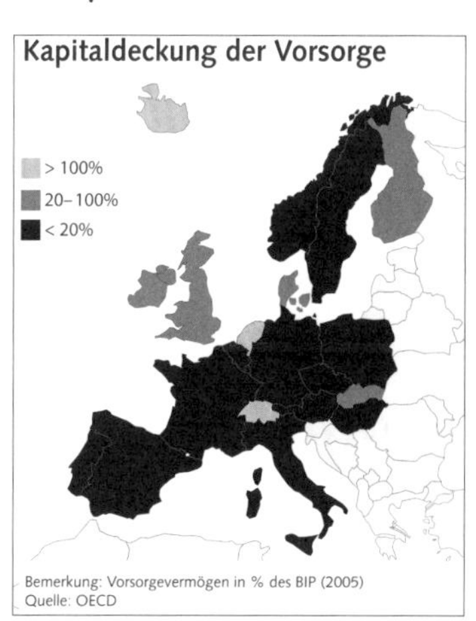

Graphiken 2 und 3 *Die neu eingekreiste Schweiz (Quelle: Bank Notenstein[36])*

Die Auseinandersetzung mit diesem wichtigen Zweig der Sicherheitspolitik ist nicht Sache des VBS, sondern des Gesamtbundesrates, mit dem deshalb eine Einigkeit in der Beurteilung der Lage erreicht werden muss. Der Bundesrat muss seine

---

35 Hummler Konrad. Der Kampf ums Eingemachte. Anlagekommentar der Bank Wegelin & Co. St. Gallen, 17.3.2008; siehe auch Kapitel 6.1 und 7.5

36 Hummler Konrad. A.a.O.

Karten offen auf den Tisch legen und Transparenz erstellen! Vorläufig wartet jedes Departement und jede politische Partei ab, ob jemand irgendwo in ein Fettnäpfchen tritt. Sicherheitspolitisch umfassend führen würde aber heissen, auch nach gemeinsamen Prinzipien und abgesprochen führen.

5.4 Die Schweiz

Zum Thema dieses Abschnitts hat der Nachrichtendienst des Bundes kürzlich einen Lagebericht vorgelegt.[37] Auch existiert dazu ein Papier des «Center for Security Studies» (CSS) und der Militärakademie (MILAK) an der ETH Zürich, das allerdings wie ein Gefälligkeitsgutachten daherkommt.[38] Es trägt den sichtbaren Veränderungen in unserem Umfeld mindestens zu wenig Rechnung und kann daher für den aufmerksamen Beobachter keine Beurteilungsgrundlage sein.

Welches könnten Ressourcen sein, über die die Schweiz in stärkerem Masse als ihr Umfeld verfügt und die durch eine kluge Sicherheitspolitik im Sinne von Kapitel 4 geschützt werden sollten? Inwieweit führt die Schweiz im Sinne Putins jemanden in Versuchung, sich an ihren Ressourcen zu bedienen?

Unvollständig und nicht in prioritär geordneter Reihenfolge sind die strategischen Ressourcen unseres Landes:

- die Bevölkerung (Bildung, Fähigkeiten)
- das Nationalbankgold und Geld im weitesten Sinne
- internationale Verkehrsachsen (wie die Neat)
- Industrie- und Technologiepotentiale
- verkehrstechnische und industrielle Schlüsselräume.
-

Bezüglich Wasser vertritt der Agraringenieur Christian Strunden eine interessante These, nach der mindestens das Wasser

---

37 Nachrichtendienst des Bundes. Lagebericht 2012: Sicherheit Schweiz; vgl. auch: Verein Sicherheitspolitik und Wehrwissenschaften (VSWW). Aktuelle geopolitische Entwicklungen und ihre Auswirkungen auf die Schweiz. Heft September 2011

38 Sicherheit 2012. Aussen-, sicherheitspolitische- und verteidigungspolitische Meinungsbildung im Trend, ETH und MILAK Zürich 2012

der Schweiz keine strategische Ressource sein kann, für andere Weltgegenden hingegen schon, beispielsweise für den Nahen Osten.[39]

Entwicklung über der Zeitachse

1950

- Circa 4,7 Millionen Einwohner, Fläche 42 000 km², kein Meeranstoss
- Auslandabhängigkeit für Rohstoffe hoch
- Schweiz ist Wasserschloss Europas
- Wirtschaft moderat exportabhängig
- Nordsüd-Achsen europäisch gesehen von mittlerer Bedeutung, wenig ausgeprägte Schlüsselräume
- Eigene Versorgungslage mit Rohstoffen kritisch
- Energieautarkie brauchbar
- Autarkie bezüglich Lebensmittel knapp brauchbar
- Kapitalexport als strategischer Rohstoff wichtig
- Hoher allgemeiner Wohlstand
- Militärischer Arm der Sicherheitspolitik (Armee) in gutem Zustand

2012

- 8,1 Millionen Einwohner
- Starke Exportabhängigkeit der Wirtschaft
- Die Schweiz ist laut einer Publikation von «Avenir Suisse» von 2012 eine veritable Industriemacht. Mit einem Gegenwert von 100 Milliarden US-Dollar ist die Industrieproduktion der Schweiz in absoluten Zahlen mehr als doppelt so hoch wie jene Singapurs oder Norwegens, um die Hälfte höher als jene Belgiens und um ein Drittel höher als jene Schwedens; Giganten wie Russland, Indien oder Kanada kommen nur auf eine etwas mehr als doppelt so grosse Industrieproduktion wie die Schweiz.

---

[39] Strunden Christian. Wasser wird nie knapp. NZZ am Sonntag, 5.8.2012

Als Folge davon steht die Schweiz hinsichtlich ihrer Industrieproduktion pro Kopf einsam an der Weltspitze,[40,41] meilenweit vor dem zweitplazierten Japan. Das hochindustrialisierte Deutschland schafft es nur auf knapp zwei Drittel des schweizerischen Wertes, Italien und Frankreich kommen auf weniger als die Hälfte.

- Dass die Schweiz unter diesen Umständen trotzdem nicht Mitglied der G-20 ist, der 20 wichtigsten Industrienationen also, sondern höchstens fallweise am Nebentisch Platz nehmen darf, ist eine Fehlleistung unseres Volkswirtschaftsdepartements (EVD) und des Aussendepartements (EDA), letztlich unserer Sicherheitspolitik. Das kommt davon, dass man jahrzehntelang die falschen politischen Positionen verteidigt hat! Es ist eine gefährliche Legende, dass die Bedeutung der Schweiz im Finanzplatz liege.
- Neat von grosser eurostrategischer Bedeutung
- Gutes Autobahn- und Eisenbahnnetz
- Schlüsselräume mit Industrieperlen und Flughäfen mit eurostrategischer Bedeutung
- Eigene Versorgungslage mit Rohstoffen und Lebensmitteln weiterhin kritisch
- Energieautarkie dank Kernkraftwerken sehr gut (aber wegen «Ausstiegsbeschluss» gefährdet)
- Kapital- und Technologieexport strategisch noch wichtiger geworden
- Die Schweiz ist Depositarstaat der Genfer Konventionen und Sitz vieler wichtiger internationaler Organisationen.
- Die Schweiz ist Domizil des grössten Rohstoffunter-

---

40 Vgl. Betschon Franz, Betschon Stefan, Lindecker Jürg & Schlachter Willy (Hrsg.) Ingenieure bauen die Schweiz. Technikgeschichte aus erster Hand. Zürich: Verlag Neue Zürcher Zeitung 2013

41 Laut Europäischem Patentamt steht die Schweiz auch bezüglich Patentanträgen pro Einwohner gesamteuropäisch an der Spitze. Vgl. Schweizer sind patentfreudigste Europäer. In: Neue Zürcher Zeitung, 7.3.2013

nehmens der Welt (Glencore/Xstrata), des weltgrössten Konzerns der Lebensmittelindustrie (Nestlé), die schweizerische MSC ist die zweitgrösste Container-Reederei der Welt.

- Grosser Einfluss der ausländischen Sanktionspolitik auf unsere Exportwirtschaft und auf die Freiheit unserer Aussenpolitik (Neutralitätspolitik)
- Militärischer Arm der Sicherheitspolitik (Armee) durch Abrüstung marginalisiert, Möglichkeiten zur militärischen Landesverteidigung zur Zeit nicht mehr vorhanden.

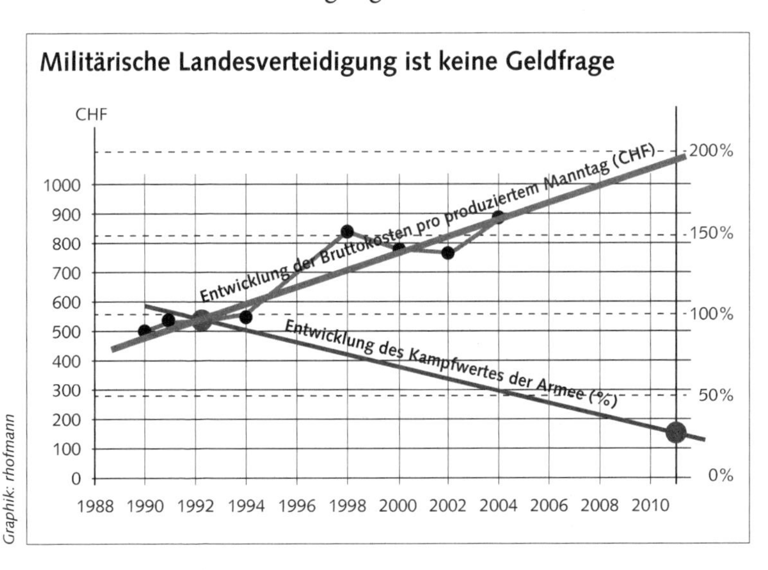

Graphik: rhofmann

Graphik 4 *Entwicklung der Effizienz der militärischen Landesverteidigung der Schweiz (Quelle: Gruppe Giardino*[42]*)*

Die Schweizer Armee hat seit 1992 praktisch das gesamte Eigenkapital (Kampfwert) verloren. Bilanztechnisch ist sie seit diesen Aderlassen bankrott (siehe auch Kapitel 8). Die Legende vom vorenthaltenen Geld wird vom VBS bis heute stur verbreitet und von der Öffentlichkeit immer noch geglaubt. Wa-

---

[42] *Gruppe Giardino*. Schwarzbuch II. Herbst 2011, S. 40

rum gleichzeitig jährlich bewilligte Gelder nicht ausgegeben werden und wieder in die Bundeskasse zurückfliessen, warum die verfeuerten Milliarden für Informatikprojekte und nichterbrachte Leistungen der Logistikbasis, die an Privatbetriebe ausgegeben werden, nicht mindestens gedanklich dazu gezählt werden, ist schwer zu vermitteln.

Wirtschaftliche Stärke der Schweiz

Die Arbeitslosigkeit in der Schweiz ist auf einem sehr tiefen Stand. Dies muss Begehrlichkeiten wecken. Hingegen hat die militärische Komponente der Sicherheitspolitik mit dem Ende des ersten Kalten Krieges ihren Zenit bezüglich Respektierung überschritten und ist seither auf den tiefsten Stand seit Gründung des Bundesstaates 1848 gefallen. Ebenso scheint sich die aussenpolitische Kraft seit dem unseligen «Aufarbeiten» nachrichtenloser Vermögen in der Mitte der 90er Jahre des letzten Jahrhunderts ohne Grund immer noch im Sinkflug zu befinden. Das führt natürlich zur Frage: Wann wird die noch verbleibende Stärke der schweizerischen Sicherheitspolitik, die Wirtschaft, durch die Unfähigkeit der politischen Seite – wie beispielsweise durch die amtlich geförderte «grüne Wirtschaft» – auch noch in die Tiefe gerissen? Das muss verhindert werden.

Keine Bücklinge der Politik

Die Schweiz kann also nicht nur von aussen bedroht werden, sondern bedroht sich hauptsächlich selber, indem sie Bedrohungen durch anpasserische Bücklinge der Politik provoziert. General de Gaulle sagte seinerzeit: Staaten haben keine Freunde, sie haben Interessen! Die Schweiz hat zusätzlich viele Neider und politisch wie auch militärisch nur noch wenig Respekt, anders können die derzeitigen unverschämten Forderungen an unser Land, vorläufig nur bezüglich unseres Steuersystems, nicht gedeutet werden.

Die Schweiz hat ihre Arbeit gut gemacht. Konrad Hummler vergleicht sie mit einem Klassenbesten, der auf dem Heimweg geprügelt wird. Als Schläger beteiligen sich auch die Mitschüler, die im Klassenzimmer von ihm profitieren, indem sie bei ihm «abschreiben» (seine Flugverbindungen benutzen und seine Grenzgängerarbeitsplätze belegen).[43] Strategische Reaktionen beschreibt Hummler ebenso, diese sollen aber im Rahmen dieser Arbeit nicht diskutiert werden, da sie unterhalb der Kriegsschwelle (Kapitel 11) liegen und auch nicht prioritär in Stabsrahmenübungen geübt werden sollen, weil die Armeestäbe heute andere Ausbildungsbedürfnisse haben sollten. Dies umso mehr, als Übungen, die eigentlich eine erfolgreiche Mobilmachung voraussetzen würden, seit der Armee XXI nicht mehr realistisch sind.

Fazit:
Die Schweiz ist im Laufe der letzten 50 Jahre wirtschaftlich so sehr erfolgreich gewesen, dass sie zu einem Erpressungsziel erster Güte geworden ist. Der Zerfall des internationalen Rechtssystems, der Zerfall der Güte unserer Politik und der Zerfall der schweizerischen militärischen Sicherheitskomponente ermöglichen Begehrlichkeiten, sich an unseren Ressourcen zu bedienen. Militärisch ist unser Land zur Zeit nicht mehr in der Lage, seine völkerrechtliche Pflicht zur Wahrung des Gewaltmonopols des Staates zu garantieren. Der «Kampf ums Eingemachte» ist voll entbrannt.[44]

---

43 Hummler Konrad. Wohlbefinden unter dem Damoklesschwert. Anlagenkommentar der Bank Wegelin & Co. St. Gallen, 22.3.2010

44 Hummler Konrad. Der Kampf ums Eingemachte. Anlagekommentar der Bank Wegelin & Co. St. Gallen, 17.3.2008

6. Geopolitische Entwicklungen von 1989 bis heute

Franz Betschon

6.1 Aus welcher Richtung weht der Wind?

Wenn also kontinentaleuropäische Kriege nicht mehr wahrscheinlich sind, weil wegen der gegenseitigen wirtschaftlichen Verzahnungen kein Land mehr eine entscheidende militärische Hebelwirkung entfalten kann, so sind doch verschiedene Faktoren dafür zuständig, dass geopolitische Machtverschiebungen einen umso grösseren Einfluss auf unsere militärische Sicherheit haben können. Die massgeblichen wirtschaftspolitischen «tektonischen Platten» oder Einflusszonen sind daran, sich deutlich herauszuarbeiten. Dies weil die USA aus den Chancen des gewonnenen ersten Kalten Krieges nicht die richtigen Schlüsse gezogen haben und damit die Welt unvermittelt in einen zweiten Kalten Krieg geraten ist. Ebenso spielen ökonomische Faktoren immer noch dieselben Rollen wie eh und je in der Menschheitsgeschichte: Die Beherrschung von Verschiebungsachsen (Verkehrsachsen) und der Besitz von Ressourcen aller Art.

Stabiles Gleichgewicht bis 1989

Bis zur politischen Wende 1989 hatte ein stabiles Gleichgewicht zwischen zwei Mächtegruppen bestanden: Hier «der Westen» (Nordamerika und Westeuropa) und dort «der Osten» (die damalige Sowjetunion, China und weitere asiatische Staaten). Trotz der «politischen Wende» hat sich daran nicht viel geändert. Die Machtblöcke sind immer noch dieselben:

- Asien (früher der «Osten» mit hauptsächlich Russland und China)
- Der «Westen»: Europa, Nordamerika

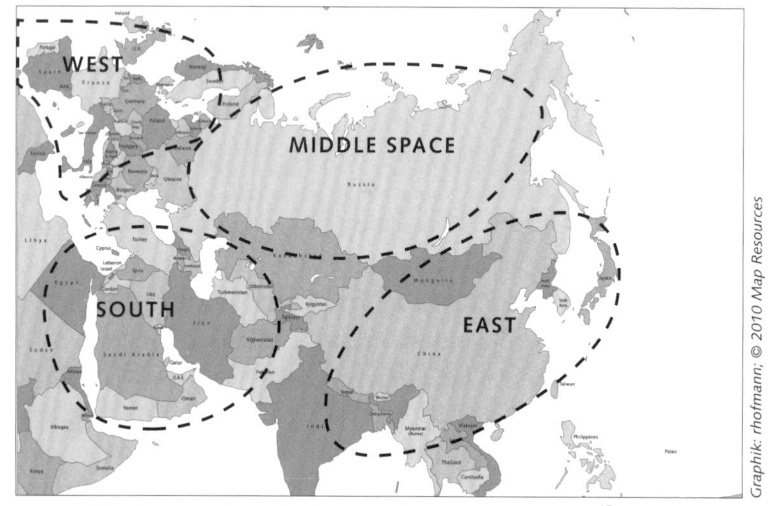

Graphik 5 *Geostrategische Räume in Eurasien nach Brzezinski (Quelle: F.B.*[45]*)*

Diese Machtblöcke können mit tektonischen Platten verglichen werden, die an ihren Rändern, dort wo sie aufeinanderstossen, Spannungen bis und mit Erdbeben (Kriegen) erzeugen. Alle anderen Kontinente sind als Ressourcenquellen zwar wichtig, aber für uns sicherheitspolitisch nicht relevant. Die Frage bleibt weiterhin, was sich zwischen diesen tektonischen Platten abspielt. Europa hat sich selber marginalisiert und militärisch aufgelöst und die Gefahr besteht, dass dieser alte Kontinent zwischen Russland/Asien und Nordamerika zerrieben wird.

Keiner nahm an Obamas Party teil

Erstaunlich ist immer noch die Obsession der USA, sie müssten stets «at the head of the table» sitzen – also die Oberhand haben und dabei denken, «Nur ja keine Russen am Tisch!»[46] – oder auch Oberschiedsrichter («key arbiter») bei weltpolitischen Verände-

[45] Betschon Franz. Das eurasische Schachturnier. Krisen, Hintergründe und Prognosen. Frankfurt/Main: R.G. Fischer 2009

[46] Brzezinski Zbigniew. The Grand Chessboard. American Primacy and its Geostrategic Imperatives. New York: Basic Books 1997 (Die einzige Weltmacht. Amerikas Strategie der Vorherrschaft. Frankfurt: Fischer 1999)

rungen sein. In dieses Selbstverständnis passt in keiner Weise die Demütigung, die die USA und Präsident Obama Ende November 2012 in Phnom Penh erlitten haben und über die im ganzen Westen Stillschweigen herrscht – vermutlich weil der Vorgang nicht ins Weltbild der politischen Meinungsmacher passt.[47] 14 asiatische Staaten, welche die Hälfte der Weltbevölkerung umfassen, haben soeben eine regionale Wirtschaftspartnerschaft unter Ausschluss der Vereinigten Staaten gegründet. Sie umfasst die Asean-Staaten plus China, Indien, Japan, Süd-Korea, Australien und Neuseeland (vgl. Graphik 6). Obama nahm an der Konferenz teil mit der Absicht, dasselbe unter Ausschluss von China zu erreichen, doch niemand nahm an seiner Party teil.

Graphik 6 *Eine neue ostasiatische Wirtschaftsgemeinschaft (Quelle: Zeit-Fragen[48])*

47 Goldman David P. Nach-US-Welt, geboren in Phnom Penh. In: Zeit-Fragen, 19.12.2012

48 Goldman David P. A.a.O.

Man erinnert sich ausserdem: In Südamerika existiert seit 1991 die Mercosur, eine Wirtschaftsgemeinschaft ohne die USA als Mitglied. Letztere sind auch nicht Mitglieder der EU. Im Osten (Kapitel 5.2.) gehört die SCO (Shanghai Cooperation Organisation) in dieselbe Kategorie von Organisationen.

Die USA versuchen seit 1989 mit derselben Denkweise wie während dem ersten Kalten Krieg die früher kommunistischen Länder China und Russland einzukreisen. Graphik 5 mit den geostrategischen Räumen nach Brzezinski zeigt, dass die Chance, die die neue Zeit aufgetan hat, nicht genutzt wurde. Die USA haben sich in der Folge den Luxus geleistet, den asiatischen Kontinent, mit erstem strategischen Zwischenziel Mittlerer Osten, unter ihre Kontrolle bringen zu wollen[49, 50] und sind dabei fast ausgeblutet.

Rasante Entwicklung im Osten

Im Raum East (nach Graphik 5) haben China, aber auch Indien und andere Länder eine beachtliche Entwicklung durchgemacht.[51] China und Indien rüsten auf einmalige Weise auf und basieren dabei hauptsächlich auf russischen Technologien. Trotzdem traute Brzezinski China bis vor kurzem nur den Status einer Regionalmacht zu, die noch lange nicht zu einer «Global Power» heranwachsen könne, die die USA ernsthaft herausfordern könnte.[52] Dies insbesondere, weil er der chinesischen Führungsschicht ausdrücklich die nötigen Fähigkeiten absprach! Inzwischen hat er zwar seine Meinung

---

49 Brzezinski Zbigniew. The Grand Chessboard. American Primacy and its Geostrategic Imperatives. New York: Basic Books 1997 (Die einzige Weltmacht. Amerikas Strategie der Vorherrschaft. Frankfurt: Fischer 1999)

50 Betschon Franz. Das eurasische Schachturnier. Krisen, Hintergründe und Prognosen. Frankfurt/Main: R.G. Fischer 2009

51 Bridel Georges. Ein Drache kann auch fliegen. Mit Blick auf geostrategische Interessen rüstet China seine Luftkampf- und Luftverteidigungsfähigkeit konsequent auf. In: Neue Zürcher Zeitung, 24.9.2012

52 Brzezinski Zbigniew. Second Chance. Three Presidents and the Crisis of American Superpower. New York: Basic Books 2007

leicht angepasst,[53] was aber den Sachverhalt auch nicht mehr ändern konnte. China kümmert sich bei seinem Vorwärtsstreben konsequent weder um Politik noch um Sozialismus. Seine Verhaltensweise ist berechenbar und seine kapitalistische Denkweise müsste eigentlich im Westen besonders gut verstanden werden. Das Land der Mitte fährt eine Strategie der «Soft Power»,[54] wohingegen die USA immer noch mit «Power play» operieren. Die Aussage «We bomb you back into the stone age» – Wir bombardieren euch in die Steinzeit zurück! – wurde von der US-Regierung mehrmals verwendet, zuletzt von Hillary Clinton gegenüber Iran. China hat sich in den vergangenen Jahrhunderten nie als kriegerische Macht präsentiert. Es wird aber, ja es muss seine Ressourcenpolitik realisieren, ob auf Kosten Europas, Amerikas oder anderer Kontinente.

Westliche Kriegspropaganda

Europa hat sich in politische, soziale und wirtschaftliche Abenteuer gestürzt und ist handlungsunfähig geworden. Es droht durch die Unterschiede in der Leistungsfähigkeit der verschiedenen Volkswirtschaften zerrissen zu werden. Militärisch ist Europa zu einem Nonvaleur geworden (siehe auch später).

Im Nahen und Mittleren Osten (Raum South nach Graphik 5) schwären offene Wunden, die nur teilweise hausgemacht sind. Eine Desinformationskampagne, wie sie zur Vorbereitung des Irak-Krieges diente, erfolgt zur Zeit der Drucklegung dieses Buches in genau gleicher Aufmachung, um eine militärische Intervention gegen Iran zu begründen. Interessant ist, dass man sowohl dem Irak, später Libyen, Syrien und heute Iran den Bau von Atombomben unterschieben wollte respekti-

---

53 Brzezinski Zbigniew. A.a.O.

54 Hoffmann Rainer (Prof. Dr. phil.). Rising Dragon. Die politische, gesellschaftliche Entwicklung 1980 bis 2012 der chinesischen Volksrepublik seit Mao. Vorlesung an der Hochschule St. Gallen 2013

ve will. All dies funktioniert nur, solange die Weltöffentlichkeit über ein kurzes Gedächtnis verfügt.

Die Destabilisierung, die die ganze Region erfahren hat (Krieg in Syrien, neuer Kurdenkrieg in der Türkei, neuer Gaza-Krieg, das Drängen Israels, Iran anzugreifen, und weitere Krisenherde), hat zu einer furchtbaren Situation geführt. In dieser extrem angespannten Lage laufen zur Zeit der Drucklegung dieses Buches die grössten Flottenmanöver in der Geschichte der Golfregion mit 25 Staaten; England und Frankreich veranstalten parallel dazu Manöver im Mittelmeer vor der syrischen Küste. Insgesamt befinden sich derzeit sechs Flugzeugträger in unmittelbarer Nähe Syriens und Irans. Angesichts dieses beispiellosen militärischen Aufmarsches im Nahen Osten ist die Gefahr eines grossen Krieges so gross wie seit langem nicht mehr. Im Januar 2013 schliesslich begannen auch die Russen mit Flottenmanövern im Mittelmeer.

6.2 Gegenseitige Einkreisungen

Während also der Westen seit der politischen Wende jede Menge Chancen zu einer wirklich zukunftsträchtigen und nachhaltigen Neuordnung der Welt, die zum Wohle aller gewesen wäre, verpasst hat und stattdessen weiterhin versuchte, den Osten militärisch einzukreisen, wurde er selber klammheimlich wirtschaftlich und zunehmend auch militärisch eingekreist (siehe Kapitel 6.1)! Seine Aufmerksamkeit wurde von Prestigezielen und Nebenkriegsschauplätzen gestört. Falsche Rücksichten auf Freunde, beispielsweise im Mittleren Osten, haben ebenfalls zur Ablenkung von den richtigen Prioritäten beigetragen.

Auf leisen Sohlen ist China nun auch schon wieder unterwegs, mit einem strategischen Stützpunktsystem eine «Perlenkette» im Indischen Ozean zu etablieren. Mit der Eröffnung eines Tiefseehafens in Gwadar westlich von Karachi besitzt es nun eine Marinepräsenz vor den Toren des Mittleren Ostens. Gleichzeitig wurde bekannt, dass Beijing im srilankischen

Touristenort Hambantoa eine grosse Hafenanlage bauen wird.[55] Ebenfalls ohne viel Aufhebens macht es sich mit harten Dollars, von denen es ohnehin zu viele hat, die wichtigsten Rohstoffgebiete und Handelsmärkte in Afrika abhängig und kauft sich in die Industrie Westeuropas ein.

In diesem Schattenspieltheater verbleiben kaum mehr viele Optionen. Praktisch vorprogrammiert sind in erster Linie Erpresserszenarien und direkte Konfrontationen der Hauptakteure USA, Russland und China.

6.3 Konfrontation China – USA

Am 3. Januar 2012 erschien in Washington der Bericht «Sustaining U.S. Global Leadership: Priorities for 21st Century Defense».[56] Darin kündigte Präsident Barack Obama die neue Geo- und Militärstrategie der USA an, die auf das beschriebene Dilemma der Einkreisung reagiert. In seiner Einleitung zum Bericht postulierte der damalige Verteidigungsminister Leon Panetta, dass die USA mit ihrer Militärstrategie ihre wichtigsten nationalen Interessen schützen müssten. Normalerweise betonten die USA dabei jeweils noch, dass sie vor allem auch den Schutz ihrer Freunde (wer immer das sei) im Auge hätten (wohl um von diesen bei Notwendigkeit auch Tribute einfordern zu können). Dazu gehöre die Bewältigung der Herausforderung durch China und die Neuorientierung der US-Streitkräfte auf den westlichen Pazifik hin: «Es ist notwendig, dass wir uns vermehrt auf den asiatisch-pazifischen Raum

---

55 Betschon Franz. Das eurasische Schachturnier. Krisen, Hintergründe und Prognosen. Frankfurt/Main: R.G. Fischer 2009, S. 44

56 U.S. Department of Defence. Sustaining U.S. Global Leadership: Priorities for the 21st Century Defence (Erhaltung der globalen US-Führerschaft: Prioritäten für das einundzwanzigste Jahrhundert). Washington D.C., 3.1.2012

ausrichten.»[57] Was daraus wirtschaftlich inzwischen geworden ist, geht aus Kapitel 5.3 hervor.

Indien vertraut auf russische Militärtechnologie

Das aufsteigende China können die USA wegen dem ungünstig verlaufenen Wirtschaftskrieg nicht mehr allein eindämmen. Dazu sind sie auf die Unterstützung durch ihre Alliierten und Partner angewiesen. Zu den verbliebenen Partnern im Indischen Ozean und im westlichen Pazifik gehören eigentlich nur noch Japan und Südkorea, allenfalls Thailand, Singapur, Indonesien, die Philippinen, Taiwan, Australien und Neuseeland. Dass diese sich aber wirtschaftspolitisch grösstenteils bereits auf die Gegenseite geschlagen haben, ist im erwähnten Bericht nicht verarbeitet. Indien vertraut zunehmend auf russische Militärtechnologie. Doch im Bericht des Pentagons steht immer noch:

> *«Wir werden unser Netzwerk der Zusammenarbeit auf neue, an Bedeutung gewinnende Partner im gesamten asiatisch-pazifischen Raum ausdehnen [...]. Die Vereinigten Staaten investieren zudem in eine langfristige strategische Partnerschaft mit Indien, um dessen Fähigkeit zu stärken [...], einen Beitrag zur Sicherheit in der ganzen Region des Indischen Ozeans zu leisten. Zudem werden wir den Frieden auf der koreanischen Halbinsel aufrechterhalten, indem wir wirksam mit Alliierten zusammenarbeiten.»*[58]

Naheliegenderweise basiert diese Strategie von 2012 auf den noch verbliebenen Kräften, insbesondere auf der Flugzeugträ-

---

[57] «We will of necessity rebalance toward the Asia-Pacific region». In: U.S. Department of Defence. Sustaining U.S. Global Leadership: Priorities for the 21st Century Defence (Erhaltung der globalen US-Führerschaft: Prioritäten für das einundzwanzigste Jahrhundert). Washington D.C., 3.1.2012 (Übers. F.B.)

[58] U.S. Department Of Defence. A.a.O.: «We will expand our networks of cooperation with emerging partners throughout the Asia-Pacific [...]. The United States is also investing in a long-term strategic partnership with India to support its ability to serve as a [...] provider of security in the broader Indian Ocean region. Furthermore, we will maintain peace on the Korean Peninsula by effectively working with allies». (Übers. F.B.)

gerflotte mit 11 Flugzeugträgern und zehn Geschwadern, die auch in der Zukunft in dieser Kampfstärke beibehalten werden. Die USA fokussieren ihre Strategie und ihre Streitkräfte – insbesondere *Navy* und *Air Force* – von jetzt an auf den westlichen Pazifik und den Persischen Golf. Europa dürfte im neuen geopolitischen Verständnis und damit der Geo- und Militärstrategie der USA bedeutungslos werden. Dies nicht nur wegen der zeitgleich erfolgten Selbstamputation der europäischen Streitkräfte.

Wahrer Grund für Raketenabwehrsystem der USA

Bei dieser Umorientierung werden für die USA ihre Stützpunkte im Pazifik und im Indischen Ozean wieder wichtig. Dazu gehören Diego Garcia im Indischen Ozean sowie Oahu, Guam, Yokota, Okinawa und Singapur im Pazifik. Aber auch Darwin in Australien nimmt in diesem Denken eine wichtige Rolle ein. Für eine allfällige militärische Auseinandersetzung mit China ist in den USA eine neue operative Konzeption, die Air Sea Battle, entwickelt worden. Neben den Trägerkampfgruppen nehmen in dieser Konzeption die strategischen Bomber B-2A, B-52H und B-1B eine wichtige Rolle ein, die – ausgerüstet mit Langstreckenlenkwaffen – von den erwähnten US-Stützpunkten aus sämtliche Ziele und Städte in China abdecken könnten. Diese Waffensysteme mit grosser Reichweite werden im globalen Erpresserkrieg wieder von Bedeutung. Dazu benötigen sie aber bessere Sensoren (Radarsysteme), was die eigentliche Erklärung für ein Raketenabwehrsystem in Ostasien ist.[59]

China, dessen Wirtschaft immer noch durch Wachstum bestimmt wird, reagiert auf die Herausforderung durch die USA mit eigener Aufrüstung. Dazu gehört nicht zuletzt auch die Zusammenarbeit mit Russland auf technologischem Gebiet, die Einführung neuer U-Boote, Kriegsschiffe, Stealthflugzeuge und ballistischer Lenkwaffen gegen die amerikani-

---

59 Siehe Kapitel 5.2

schen Flugzeugträger. Die Kampfreichweiten der chinesischen Streitkräfte nehmen derweil beträchtlich zu. Die Basis dieser Aufrüstung der Seestreitkräfte bildet das chinesische Nuklearpotential, das der Abschreckung der US-Nuklearwaffen dient.

Dieses Buch ist nicht der Ort, auf die vielen Probleme hinzuweisen, die China innen- und gesellschaftspolitisch noch hindern, sein wirtschaftliches Potential global voll auszuspielen. Viele westliche Medien verweisen immer wieder mit Häme darauf und verstellen damit sich und ihren Lesern einmal mehr den Blick auf die wirklichen Vorgänge.

China beansprucht Kontrolle der Malakka-Strasse

Zum «Kurvenkampf» respektive Einkreisen des Gegners gehören weiter auch die Versuche zur vollständigen Kontrolle des Südchinesischen Meers. Entgegen den Konventionen des internationalen Seerechts beansprucht China den grössten Teil des Südchinesischen Meeres als eigenes Territorium. China will so die Abhängigkeit von Erdöleinfuhren durch die Ausbeutung der Vorkommen in diesem Meeresteil mindern und gleichzeitig seine Seeverbindung über die Malakka-Strasse sichern. Um diese Machtpolitik durchsetzen zu können, beansprucht Beijing die Herrschaft über den gesamten Spratley-Archipel. Dem gegenüber stehen die Ansprüche von Vietnam, der Philippinen, Brunei, Malaysia, Indonesien und Taiwan auf einzelne Inseln des Archipels. Ohne offizielle Verlautbarung unterstützen die USA die Ansprüche ihrer Alliierten und pochen gleichzeitig auf die Durchsetzung der freien Schiffahrt im Südchinesischen Meer.

China operiert dabei aus einer Position der kurzen Fronten heraus, während die USA einen Überseekrieg mit allen logistischen Problemen führen müssten. Das Erpressungspotential der USA andererseits, Gegner, die sie sonst nicht unterkriegen können, mit handelspolitischen Sanktionen in die Knie zu zwingen, dürfte durch jahrzehntelange Anwendung erschöpft sein. Die chinesische Wirtschaft dürfte sich erfolgreich von der früheren starken Abhängigkeit vom US-Markt freigeschwommen haben und kaum mehr erpressbar sein. In Erinnerung ist noch das kürzliche groteske Bemühen des amerikanischen Finanzministers Timothy F. Geithner, in Beijing chinesische Investitionen in US-Schatzscheine schmackhaft zu machen, während gleichzeitig in Washington der amerikanische Kongress über Sanktionen gegen China wegen Menschenrechtsverletzungen beriet.

Wirtschaftssanktionen sind Akt der Aggression

Es muss hier darauf hingewiesen werden, dass auch die aus der Hüfte heraus definierten wirtschaftlichen Sanktionen eine Aggression darstellen. Der gleichzeitige Zwang, möglichst die ganze Weltgemeinschaft ebenfalls dazu zu verpflichten, ist eine Ungeheuerlichkeit erster Güte. Die Schäden, die etwa den Volkswirtschaften Irans, Vietnams oder Kubas zugefügt werden, sind gross. Von Mut, sich dem freien Wettbewerb der Nationen zu stellen, keine Spur! China ist dadurch aber bisher nicht aus dem Tritt geraten. Überhaupt sind kaum Beispiele bekannt, wo Wirtschaftsanktionen politische Erfolge gebracht hätten. Zur Zeit der Alten Eidgenossenschaft hiess dies «Reichsacht», und diese hat die Schweizer jeweils umso mehr zusammengeschweisst.

Machtpolitischer Logik zufolge käme also nur eine direkte militärische Konfrontation in Frage. Dabei erinnert man sich des peinlichen Vorfalls am 1. April 2001, als ein Seeaufklärer der US Navy des Typs Lockheed Orion P-3 auf der südchinesischen Insel Hainan notlanden musste (oder zur Landung gezwungen wurde?). Er war offensichtlich zu unvorsichtig und provozierend in chinesischer Küstennähe patrouilliert. Die USA mussten wochenlang warten, bis die Chinesen in aller Ruhe die elektronische Aufklärungseinrichtung (Sigint) und das Flugzeug inspiziert hatten, ehe die Besatzung und das Flugzeug freigegeben wurden.

Für die USA bleibt nicht mehr viel Zeit, bevor China nicht zu starker militärischer Dominanz aufgewachsen ist. Eine Kurzschlusshandlung ist daher nicht auszuschliessen, obwohl die Generäle in Washington vorläufig (übrigens wie im Falle Irans) davon abraten.

6.4 Konfrontation Russland – USA und Verlust der technologischen Vormachtstellung der USA

Diese Konfrontation ist eigentlich bereits wieder in vollem Gange, weshalb nur naive Gemüter vom Kalten Krieg, der vorbei sei, sprechen können. Dass Russland durch den Raketenschirm in Europa provoziert wird, wurde bereits erwähnt. Hier wäre auf den Einfluss des «militärisch-industriellen Komplexes» in den USA hinzuweisen, der solche Projekte stets wieder am Leben zu erhalten versucht und so den Staat als Milchkuh benutzt. Israel versucht dabei fleissig seinen Iron Dome ins Spiel zu bringen, von dem nicht ersichtlich ist, welche Wirkung er auf die relativ primitiven ungelenkten Raketen der Hamas gehabt hätte.

Folgenreicher ist auch hier wieder ein wirtschaftspolitischer Vorgang, nämlich der Verlust der technologischen Vormachtstellung der USA. Häme wegen der Probleme mit dem Grossraumflugzeug Boeing B-787 ist unangebracht, denn auch das europäische Projekt, das Grossraumflugzeug A-380 von Airbus, hat solche im Übermass. Wer hätte aber vor 20 Jahren gedacht, dass Raumfahrer im Jahre 2012 nur noch mithilfe russischer Trägerraketen zur internationalen Weltraumplattform ISS gelangen können? Die bemannte Raumfahrt findet vorläufig ohne die Nasa statt, wohingegen auch China eine solche hat.

Private Weltraumflüge?

Interessant sind die privaten Pläne in den USA. Am 21. Juni 2004 absolvierte das Gerät «Space Ship One» einen ersten privaten Weltraumflug mit einer erreichten Flughöhe von mehr als 100 km, was als Weltraumflug gilt. Das Projekt kostete dem Vernehmen nach weniger als 20 Millionen US-Dollar und gewann den Ansari X-Price über zehn Millionen US-Dollar. Für diese Summen hätte die Nasa allenfalls eine Machbarkeitsstudie erstellen können. Die Nasa muss auch zum militärisch-industriellen Komplex der USA gezählt werden.

Es muss davon ausgegangen werden, dass der Kampfflugzeugbau in den USA ebenfalls gelegentlich zum Erliegen kommt, wenn die Kostenüberschreitungen etwa beim Bau von «Stealth»-Flugzeugen («Tarnkappen»-Flugzeugen), jüngstens beim F-35, weiter zunehmen. In einer Agenturmeldung vom Mai 2010 wird der US-Verteidigungsminister Robert Gates zitiert, der zweifelt, ob die US Navy sich angesichts der gewaltigen Kosten noch Fregatten, grosse U-Boote oder Flugzeugträger leisten kann, die mit billigeren Mitteln der asymmetrischen Kriegsführung ausser Gefecht gesetzt werden können. Asymmetrie gewinnt also auch bei der Rüstung an Bedeutung (siehe Kapitel 7).

Deindustrialisierung der USA

Seit 1970 haben sich die USA unter Druck ihrer Finanzindustrie im eigentlichen Sinne deindustrialisiert. Heute ist der Anteil der Industrie an der Gesamtbruttowertschöpfung der USA auf weniger als 10% gesunken und liegt damit ähnlich tief wie etwa in Frankreich (in Deutschland und der Schweiz beträgt er mehr als 20%). Militärstrategisch haben die USA früher immer in der Kategorie der sogenannten «Mobilisation Base» gedacht, in der Notwendigkeit also, strategisch wichtige Verteidigungsausrüstung jeweils ganz im eigenen Lande herstellen zu können. Davon ist unter diesen Umständen nicht mehr viel übrig geblieben.

7. Entwicklungen

Franz Betschon

7.1 Entwicklung der Waffenbestände international

Die nachstehende Tabelle sieht präziser aus, als sie ist. Zum einen, weil die Angaben schon von der Quelle her nicht sehr genau sind,[60] dann aber auch, weil Quervergleiche von Land zu Land an Trennschärfe verlieren und bestimmtes Material nicht immer gleich eingeordnet wird oder der Geheimhaltung unterliegt. Für die neueste Zeit sind die Unstimmigkeiten zunehmend grösser, offenbar erfasst das «International Institute for Strategic Studies» (I.I.S.S.) in London diese Zahlen nicht mehr mit derselben Aufmerksamkeit wie früher, oder die Meldungen werden von den Meldestellen oberflächlicher erstattet. Für die wichtigsten Aussagen stimmen auf alle Fälle die Grössenordnungen. Mit mehr Aufwand für eine Analyse könnte sicher noch mehr herausgeholt werden, aber die Tabelle zeigt, was nötig ist. Sie ist nicht so ungenau, als dass die nachfolgenden Aussagen nicht gemacht werden könnten.

In der Tabelle 1 werden nur die Waffensysteme von Heer und Luftwaffe dargestellt. Mit Einbezug der Kriegsmarine (Navy) wären die Jagdbomber- und Jäger-Kapazitäten erheblich grösser. Ballistische Lenkwaffen wurden ebenfalls nicht mitgezählt und auch nicht die Waffensysteme der Marine Corps. Fragezeichen stehen dort, wo keine Angaben zur Verfügung standen.

---

60 International Institute for Strategic Studies in London (I.I.S.S.). The Military Balance 1988–1989, 2012

	MBT	MICV	APC	ATGW	SP Arty	Strate-gische Bomber	Jäger	Jagd-bomber	RECCE
CH	850 134	– 186	1500 300	800 ~100	467 133	– –	120 75	128 –	18 –
USA	15600 6300	4000 ?	27400 6452	7400 ?	3452 ?	539 155	3583 3200	653 ?	322 ?
SU/ RUS	53300 2800	4000 ?	28400 9700+	? ?	9000 1820	175 251	1900 787	2500 356	400 ?
F	1340 254	816 ?	3000 ?	1800 ?	195 ?	18 12	454 88	78 –	6 –
D	4937 350	2136 ?	2780 1753	2800 ?	586 136	– –	210 89	381 50	40 ?
China	9000 7400+	? ?	2800 2700	? ?	? ?	120 132	4000 1699	300 747	260 ?

Tabelle 1 *Ungefähre Bestandsentwicklungen zwischen 1989 (obere Zahl) und 2012 (untere Zahl) für gewisse Offensivwaffensysteme in ausgewählten Ländern*[61]

MBT: *Duellfähiger Kampfpanzer (main battle tank)*
MICV: *Kampfschützenpanzer (mechanized infantery combat vehicle)*
APC: *Schützenpanzer (armoured personnel carrier)*
ATGW: *Panzerabwehrlenkwaffe (anti-tank guided weapon)*
SP Arty: *selbstfahrende Artillerie (self-propelled artillery)*
Jagdbomber: *Erdkampfflugzeug*
RECCE: *Aufklärungsflugzeuge*

Tabelle 1 verdeutlicht, inwieweit sich das für die Schweiz relevante militärische Potential auf der Welt seit dem Fall der Sowjetunion verändert hat und inwieweit daraus eine Veränderung der Kriegsgefahr, die während des ersten Kalten Krieges sehr akut war, für die Schweiz abgeleitet werden kann. Dazu wurden nur Angriffspotentiale erfasst, aus denen Aggressionen entstehen können.

Gemäss Angaben der Tabelle 1 geschah militärisch folgendes:

---

[61] Gemäss Angaben des International Institute for Strategic Studies in London (I.I.S.S.). The Military Balance 1988–1989, 2012

- Russland, der Nachfolgestaat der ehemaligen Sowjetunion, ist in einer ersten Phase auch militärisch zerfallen. Mit diesen Kräften lässt sich vorläufig (!) keine Sättigung von strategisch sinnvollen Kampfräumen erzielen, wie von der militärischen Logik gefordert.
- Die USA haben in ihren Kriegen viele Billionen US-Dollar verbraucht, die ihr jetzt fehlen. Ihre Angriffsfähigkeit hat sich ebenfalls verringert, und deshalb müssen sie nun aus Gründen der Selbstverteidigung ein Schwergewicht im westlichen Pazifik bilden und ihre militärischen Kräfte aus Europa abziehen.
- Die Nato und die Schweiz sind militärisch ebenfalls marginalisiert worden. Auch hier kann niemand mehr strategisch sinnvolle Kampfräume sättigen, wenn der Kampf der verbundenen Waffen geführt werden soll. Das heisst, es fehlt die Angriffsfähigkeit.
- Im Osten von Eurasien beginnt eine neue Form des Wettrüstens. Was dessen sofortige Auswirkung auf ein Gefechtsfeld wäre, ist noch unklar. Ausgehend von Indien und China hat diese Entwicklung auch auf Russland übergegriffen. Sie ist begründet durch die immer noch vorhandenen Hegemonialansprüche der USA, hauptsächlich aber durch den Zwang, sich die Ressourcen, wie sie oben beschrieben sind, unter allen Umständen zu sichern.
- Die Möglichkeit neuartiger Angriffskriege zeichnet sich ab.

Russland gab unlängst Zahlen für geplante Flugzeug- und Panzerbeschaffungen in grossem Stil bekannt. Dabei handelt es sich um Waffensysteme modernster Bauart. Dies war der Startschuss zu einem neuen Wettrüsten (siehe als Kontrapunkt dazu Kapitel 8).

7.2 Technische Entwicklungen

Sowohl Russland als auch die USA und die Nato haben ihre Bestände an Luft-, Land- und Seekriegsmitteln seit dem Zerfall der Sowjetunion zunächst erheblich reduziert. Dies zum Teil aus politischem Willen, vor allem aber aus wirtschaftlichen Gründen und aufgrund der aberwitzigen Verschlechterung des Preis/Leistungs-Verhältnisses moderner konventioneller Waffensysteme.[62]

Damit ist auch angedeutet, dass für Europa die Kampfjet-Projekte Rafale, Eurofighter oder Gripen wahrscheinlich die letzten ihrer Art sind, die Truppenreife erlangt haben. Der amerikanische F-35 ist noch nicht einmal so weit und könnte immer noch scheitern. In der Schweiz gab es vor einiger Zeit ein privates Projekt «Piranha», das diese Kostenfalle vermieden hätte. Die Kostenfalle gilt noch nicht für Russland, China und Indien.

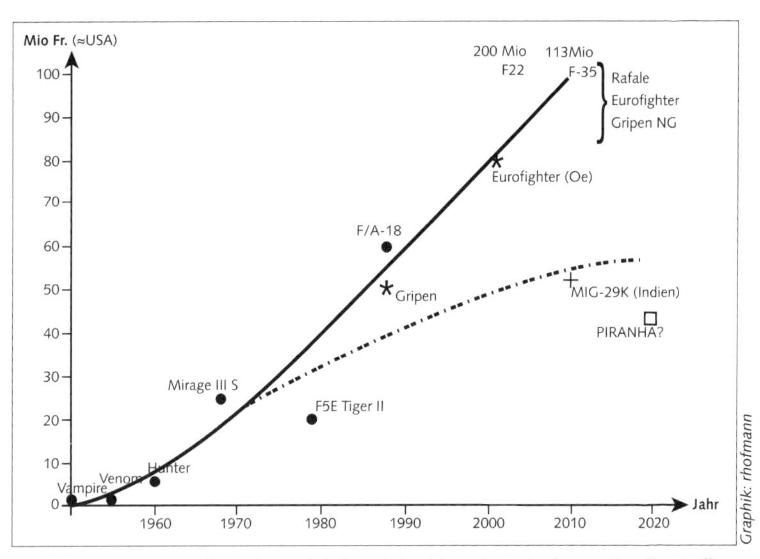

Graphik 7 *Die exponentielle und unumkehrbare Entwicklung der Preise konventioneller Waffensysteme am Beispiel von Jagdflugzeugen. Sie sind in einer eigentlichen Kostenfalle (Quelle: F.B.)*

---

62 Betschon Franz. Smart Tech statt Hightech. Überlegungen zu einer asymmetrischen Wehrtechnologiestrategie. In: blog.ggstof.ch/ Blog der Gesellschaft der Generalstabsoffiziere (fraktioniert), 20.10.2012

Neue Kampfverfahren und Waffentechnologien

Neue Formen militärischer Gewalt zeichnen sich ab, mittels derer durch einen Paradigmenwechsel der erwähnten Kostenfalle moderner Systeme ausgewichen werden kann.[63] Der konventionelle Kampf der verbundenen Waffen wird vorläufig kaum mehr Realität, weil er zunächst nicht mehr machbar ist. Aber: Solche abgerüsteten Phasen, während derer also nicht mehr militärisch Sicherheitspolitik betrieben wurde (dafür auf andere, nicht minder nachhaltige Weise), hat es immer wieder gegeben (Kapitel 3), und in einer solchen Zeitphase sind plötzlich alte oder neue Mächte unerwartet aufgetaucht und haben Katastrophen ausgelöst.

In solchen Zeiten gewinnt die intensive Beobachtung und Analyse der sicherheitspolitischen Vorgänge rund um die Schweiz besondere Bedeutung, ein Frühwarnsystem, das über die «nächste Geländekammer» hinaussieht, ist entscheidend. Vor Jahren betrieb der strategische Nachrichtendienst ein ausserordentlich wirksames und cleveres Vorwarnsystem. Es hiess Eudona (EDV-Unterstützung von Dokumentation und Nachrichtenauswertung) und ist inzwischen stillgelegt worden, weil es informatisch veraltet war und neu hätte konzipiert werden müssen, aber auch, weil sich der Nachrichtendienst insgesamt in starker Veränderung befand und keine intellektuellen Mittel dafür vorhanden waren. Bei dem Donnergrollen, das derzeit immer stärker hörbar ist, könnte eine Neuauflage von Eudona die Schweiz vor einer Katastrophe bewahren.

Waffensysteme im Roboterbereich

In einem Aufsatz mit Betrachtungen zu moderner Rüstung wird auf die Irrsinnsspirale der Kosten der Rüstung hingewiesen.[64] Dem trugen die meisten Militärmächte ungewollt durch die genannten Bestandsreduzierungen Rechnung. Vorläufig

---

63 Betschon Franz. A.a.O.

64 Betschon Franz. A.a.O.

werden also keine Panzerfluten (Warschauer Pakt seinerzeit über 50 000 Kampfpanzer!) und kein von Jagdbombern geschwärzter Himmel das Bild eines Gefechtsfeldes Schweiz bestimmen, ganz einfach, weil sie nicht mehr vorhanden sind (siehe Tabelle 1). Die jüngere Geschichte zeigt aber auch, wie weltkriegstaugliche Streitkräfte zunächst unbemerkt wieder aufgebaut werden können, selbst wenn dies 15 Jahre dauern sollte (zum Beispiel die ehemalige deutsche Wehrmacht). Ein solcher Entscheid ist in Russland möglicherweise gefallen. Zusätzlich ist es mit neueren Verfahren einfacher geworden, modernen Zivilisationen Ressourcen abzupressen.

Es ist unverkennbar, dass Gewalt oberhalb der Kriegsschwelle (Waffengewalt) sich immer mehr im Roboterbereich abspielen könnte.[65, 66] Damit lassen sich Erpresser-Szenarios ohne weiteres durchstehen und alle möglichen wirtschaftlichen Ziele erreichen. Dies wäre dann auch asymmetrische Kriegsführung. Aus militärstrategischer Sicht wird es nicht mehr unbedingt nötig sein, Territorien zu besetzen, um sich an fremden Ressourcen zu bedienen.

Wahre Kosten von US-Kriegen

Die gebrannten konventionellen Armeen des Westens wollen der Gefahr von Verlusten an Material und Menschenleben aus dem Wege gehen. Allein die US Army hat aus dem Irak-Krieg einen Ersatzbedarf für defektes Material von mehr als 300 Milliarden US-Dollar heimgetragen.[67] Der Nobelpreisträger Joseph Stieglitz hat berechnet, dass die wahren Vollkosten der Kriege im Nahen und Mittleren Osten fünf Mal grösser sind, als jeweils von der US-Regierung angegeben.[68] Die verbratenen Mittel in

---

65 Isler Thomas & Biswas Chanchal. Krieg ohne Risiko. NZZ am Sonntag, 30.12.2012

66 Tilgner Ulrich. Die Logik der Waffen. Westliche Politik im Orient. Zürich: Orell Füssli 2012

67 Betschon Franz. Das eurasische Schachturnier. Krisen, Hintergründe und Prognosen. Frankfurt/Main: R.G. Fischer 2009, S. 140

68 Betschon Franz. A.a.O.

den Kriegen, welche die USA – wohlverstanden stets ausserhalb ihres eigenen Territoriums – geführt haben, übersteigen den Betrag, den die USA heute als öffentliche Schulden ausweisen müssen. Die vielen Millionen Toten, die dadurch entstanden sind, starben ebenfalls ausserhalb des Territoriums der USA.

Kampfdrohnen und Abstandswaffen

So spielt sich denn vorläufig der effizientere Teil gegenwärtiger bewaffneter Auseinandersetzungen immer mehr auf der Basis von Kampfdrohnen und Abstandswaffen ab.[69] Als ein Jahrhundertbluff wird sich der berühmte «Raketenschirm» gegen ballistische Raketen herausstellen,[70] obwohl damit der Ausbruch von heissen Kriegen verursacht werden könnte (siehe Aussage von Putin).

Eine der gefährlichsten Feindmöglichkeiten mit konventionellen Waffensystemen (Kampf der verbundenen Waffen, Feuer und Bewegung) lässt sich im Reichweitenbereich der Schweiz tatsächlich nicht mehr ausmachen. Noch immer gilt der Begriff «der Sättigung der Kampfräume», und hier macht niemand mehr Anstalten, die nötigen Quantitäten bereitzustellen.

Die Zeichen an der Wand erkennen

Daraus hat die Schweiz die Begründung für ihren «Schlaf der Gerechten» abgeleitet und übersieht die Zeichen an der Wand, übersieht, dass der nächste Krieg vielleicht gar nicht mehr so wie die bisherigen geführt werden wird.

Im Hearing vom 3. April 2009 zum Sicherheitspolitischen Bericht 2000 («SiPol B 2000») des Bundesrates mit Divisionär aD Dr. iur. Hans Bachofner, ehemaligem Stabschef für operative Schulung, warnte dieser:

«Falsch ist es nach Wahrscheinlichkeiten zu suchen, da wir als Menschen das, was wir nicht kennen, als unwahrscheinlich betrach-

69 Tilgner Ulrich. A.a.O.

70 Siehe Kapitel 5.2

ten. Wahrscheinliche Szenarien sind in der Regel die bequemen Szenarien. Wir müssen also nach den gefährlichen Szenarien fragen».

Gefährlichste Feindmöglichkeiten:
Andere Angriffskriege und -formen zeichnen sich ab. Die strategischen Ziele, die ein Gegner haben könnte, lassen sich einfacher, kostengünstiger und schneller erreichen durch Erpressung mittels Abstandswaffen wie Cruise Missiles (Marschflugkörpern) oder Kampfdrohnen, durch eine Umfassung also in der dritten Dimension. Ziele könnten geographische sein (Neat, Kernkraftwerke, Flughäfen), aber eher nicht mehr ganze Landstriche.

7.3 Entwicklungen im internationalen Rechtssystem

Seit vielen Jahren, seit dem Ende des ersten Kalten Krieges jedoch beschleunigt, wird das internationale Recht immer stärker ausgehöhlt. Das Recht auf Präventivkriege, das Faustrecht also, hat sich schleichend zur Maxime gemacht. Dabei müssten gerade die neuen supranationalen Organisationen wie Uno und EU die bestehenden Staatsgrenzen der Mitgliedsländer garantieren, und damit könnte sich wieder eine Rückkehr zur Pflicht ergeben, sich nicht in die inneren Angelegenheiten anderer Staaten einzumischen. Was allerdings fallweise Menschenrechte sind und was entsprechendes internationales Kriegsvölkerrecht zu sein hat, wird zur Zeit wieder vom Stärkeren definiert.

Hinrichtungen ohne Rekursmöglichkeit

Hierzu eine erschütternde Meldung im «Spiegel». Dort wird beschrieben, wie Präsident Obama (Friedensnobelpreisträger) offenbar jeden Freitag, allein, abschliessend und ohne Rekursmöglichkeit, entscheidet, wer durch Drohnenangriffe irgendwo auf der Welt gerade hingerichtet werden soll. An der genannten Stelle steht,

«[...] wie ihm [US-Präsident Obama] seine Leute Namen und Bilder jener Verdächtigen vorlegen, die vielleicht Terroristen sind und umgebracht werden sollen, unter ihnen Teenager. Und sagt Obama dann wirklich ja, dann schwirren [...] die Killermaschinen los.»[71]

Derzeit werden übrigens diese Drohnen nicht von regulären Armeeeinheiten eingesetzt, sondern vor Ort von privaten Sicherheitsfirmen und von den USA aus durch die US-Armee gesteuert, sozusagen zwischen zwei Partien Golf.[72]

Unübersehbar ist auch die Tendenz im Verhältnis der Staaten untereinander, die Beweislast umzukehren. Umso grösser wird die Gefahr, dass unter diesen Umständen uralte menschliche Verhaltensweisen, die Gesetze des Dschungels, noch Oberhand behalten.

7.4 Soziopolitische Unrast

François Villard

Die andere Dimension der Fehlentwicklungen, die soziale Unrast in Europa, parallel auch etwa zur selbigen in muslimischen Staaten, birgt Sprengstoff ungeahnten Ausmasses.[73] Wer hätte noch vor einigen Jahren geahnt, dass unsere Meinungen derart manipulierbar sind, wie es sich jetzt herausstellt?[74] Die Bilder, die uns aus europäischen, wohlverstanden zivilisierten Ländern erreichen, scheinen irreal. Und wieder erinnern wir uns an das visionäre Wort von Konrad Hummler über den «Kampf ums Eingemachte».[75]

---

71 Der Spiegel. Nr. 24/2012, S. 89

72 Isler Thomas & Biswas Chanchal. Krieg ohne Risiko. In: NZZ am Sonntag, 30.12.2012

73 Ulfkotte Udo: Vorsicht Bürgerkrieg! Was lange gärt wird endlich Wut. Rottenburg: Kopp 2009

74 Barben Judith. Spin doctors im Bundeshaus. Gefährdung der direkten Demokratie durch Manipulation und Propaganda. Baden: Eikos 2010

75 Hummler Konrad. Der Kampf ums Eingemachte. Anlagekommentar der Bank Wegelin & Co. St. Gallen, 17.3.2008

Als wir im Schwarzbuch I auf dieses Phänomen aufmerksam machten,[76] tönte der Absatz über die «innere Sicherheit» wie ein Katalogbestandteil nach dem Motto «ferner führen wir auch noch im Sortiment». Inzwischen werden wir aber fast täglich von Fernsehbildern überflutet, die dies als bittere Realität in bestimmten Ländern zeigen. Auch die Immigrantensituation in der Schweiz zeigt, dass diese Grundwellen bereits auf unser Territorium überschwappen. Wie lange gelingt es uns Gutmenschen noch, diese Vorgänge als Bedrohung zu verdrängen?

Innere Sicherheit gefährdet

Die innere Sicherheit der Schweiz ist also gefährdet wie noch nie seit dem Bestehen des Bundesstaates, und es stellt sich die Frage, inwieweit unsere Armee in der Lage ist, ihre Verpflichtungen im Rahmen der inneren Sicherheit gemäss Bundesverfassung Art. 52, 57, 173 und 185 und dem Bundesgesetz über Massnahmen zur Wahrung der inneren Sicherheit (BWIS 97) wahrzunehmen.[77] Die Frage stellen heisst, sie auch beantworten: Die Armee XXI ist spätestens seit der Abschaffung des Betreuungsdienstes und der Territorialfüsiliere nicht mehr in der Lage, auch nur annähernd ihre Pflicht im Rahmen der inneren Sicherheit zu tun. Es ist für unsere Soldaten aller Grade eine Zumutung, wie die Politik sie zwingt, in diesem unglaublichen Spannungsfeld zwischen politischer Illusion und Realität ihre Pflicht zu tun. Seit der Abschaffung des Mobilmachungssystems ist sie auch nicht mehr in der Lage, reflexartig auf Naturkatastrophen zu reagieren, wie dies der Mann auf der Strasse vielleicht noch meint.

---

76 *Gruppe Giardino.* Schwarzbuch I. Frühjahr 2011

77 Hilbi Hubert, Divisionär aD. Die innere Sicherheit. In: Allgemeine Schweizerische Militärzeitschrift (ASMZ). Nr. 10/2010, S. 8

Machtzentralisierung beim Bund führte zu Chaos

Der Transfer der Verantwortung der seinerzeitigen kantonalen Militärhoheit an das VBS hat zu einer Entfremdung zwischen den Kantonen und dem Bund in Sachen innere Sicherheit geführt. Begründung war ja eine Effizienzsteigerung in der gesamten Militärverwaltung. Das Gegenteil trat ein: Tonnen von verlorengegangenen Akten, Tausende von «vermissten» Wehrmännern und Tausende von verlorenen Handfeuerwaffen lassen grüssen! Den Kantonen gefiel natürlich die Idee, Verpflichtungen loszuwerden, und das VBS hat sich einmal mehr als Problemlöser überschätzt.[78]

Das Szenario rund um die gegenwärtige soziale Unrast zeigt nicht nur eine andere gefährliche Feindmöglichkeit auf, sondern zugleich die perfideste. Perfid, weil sie sich teilweise bereits jetzt vor unserer Haustüre, teilweise sogar bereits in unserem Haus abspielt, und weil auf der Eskalationsleiter nie genau erkennbar ist, wo nun der Armeeeinsatz zu erfolgen hätte.

Diese Verwirrung entsteht, weil man sich im Rahmen von Gesamtverteidigungsübungen nie Gedanken darüber gemacht hat und weil das VBS im Grunde genommen genau weiss, dass die Armee mangels Mobilmachungsfähigkeit gar nicht mehr genügend massiv einsetzbar ist.

Denkbar sind folgende gefährliche Ereignisse im Bereich der inneren Sicherheit:

- Weitere starke Steigerung der Arbeitslosigkeit in Europa infolge Wertzerfalls des Euro und indirekter wirtschaftlicher Kriegsführung aussereuropäischer Mächte
- Unfähigkeit der Inhaber der öffentlichen Gewalt, diese Unruhen zu stoppen
- Hungernde Arbeitslose überschreiten in grosser Zahl unsere grünen Grenzen, da es sich nicht um klassische

[78] Vgl. auch Wirz Heinrich L. & Strahm Florian A. Armee, Bund und Kantonale Militärhoheit. Die verfassungsrechtliche Zentralisierung des schweizerischen Wehrwesens und ihre Folgen. Schriftenreihe der Eidgenössischen Militärbibliothek und des Historischen Dienstes. Nr. 45/2010

Immigranten handelt, sind auch die zugehörigen Instrumente nicht griffbereit

- Immigranten, obwohl aus Nachbarländern kommend, verlangen Aufnahme in die Flüchtlingszentren, um Obdach zu erhalten
- Ausschreitungen bis zu Bombenattentaten
- Plünderungen durch Immigranten
- Ausweitung religiös motivierter Unruhen durch Immigranten, die eigene Bevölkerung greift zur Selbstwehr, weil die Behörden die Armee nicht einsetzen können oder wollen.

7.5 Nachrichtendienstliche Erpressbarkeit

Die Ernennung eines nachrichtendienstlich nicht ausgebildeten neuen Direktors des Nachrichtendienstes des Bundes, Dr. rer. publ. Markus Seiler, wird wohl damit zusammengehängt haben, dass Bundesrat Maurer (SVP) einen FDP-Mann vom Posten seines Generalsekretärs loshaben wollte. Dass er plötzlich sehr viele spezifische Eignungen an ihm entdeckte, um diesen Entscheid zu begründen, ist unerheblich. Interessant sind die Begründungen von Politikern, die sich ertappt fühlen, weil sie die Ernennung unbesehen akzeptiert hatten. Man hätte eben ausdrücklich einen Mann haben wollen, der kein «kalter Krieger» sei, der also sozusagen die neue Zeit repräsentieren könne (FDP-Präsident Philipp Müller). Dass dabei nicht wenig Unkenntnis der nachrichtendienstlichen Tätigkeit und deren Bedeutung für die Sicherheitspolitik zum Ausdruck kommen, ist nicht so wichtig. Auch Parteipräsidenten können nicht alles wissen. Hätte aber Markus Seiler in seinen sicher periodischen Vorträgen vor der Landesregierung zur sicherheitspolitischen Lage genügend darauf hingewiesen, dass wir uns bereits wieder in einem Kalten Krieg, in einem ausserdem heftigeren als früher, befinden, so wäre diese Begründung wohl nicht so schlaksig erfolgt.

Datenklau und ausländische Beraterfirmen

Auch die Absolution des Nachrichtendienstchefs nach einem veritablen Datenklauskandal vom Spätsommer 2012 erfolgte sehr schnell. Über die Umstände dieses Vorfalles, der überall auf der Welt und früher auch in der Schweiz den Kopf des Verteidigungsministers gekostet, mindestens aber eine parlamentarische Untersuchungskommission (PUK) zur Folge gehabt hätte, soll hier ebenfalls nicht vertieft nachgedacht werden. Eine Geschäftsprüfungskommission soll offenbar bis zum nächsten Frühjahr Klarheit darüber schaffen. Vorläufig heisst es, es seien wirklich (wirklich!) keine Daten (keine Daten!) verschwunden (wer will das schon wissen?). Was immer als Befund dieser Untersuchung resultieren wird – man darf gespannt sein, wie die Angelegenheit wieder verharmlost wird. Grossen Respekt haben sich der schweizerische Nachrichtendienst und seine Aufsichtsorgane in der Welt mit diesem Vorfall nicht verschafft.

Die *Gruppe Giardino* hat schon verschiedentlich auf die unhaltbaren Zustände rund um die Geheimhaltung im Zusammenhang mit dem Einsatz von ausländischen Beraterfirmen aufmerksam gemacht.[79] Zur Erinnerung: Die Geheimhaltung wurde früher, zum Beispiel im Falle von Brigadier Jeanmaire, sehr rigoros gehandhabt. Für ein relativ belangloses Delikt wurde er zu 18 Jahren Gefängnis verurteilt, physisch und psychisch fertiggemacht. Die Akten des Militärgerichtes sind noch heute geheim.

Im Jahre 2007 fand bekanntlich die Stabsrahmenübung «Stabilo 07» statt. Diese wurde unter tatkräftiger Mithilfe von israelischen Kreisen (sprich Mossad) mindestens vorbereitet. Diese Information verdankt der Autor Korpskommandant aD Christophe Keckeis. Der für die Übungsvorbereitung verantwortliche Stabschef Operative Schulung ad interim, damals

---

[79] Von Matt Othmar. Armee: Hunderte von Millionen für Informatik-Berater. Der Sonntag (Sonntagsausgabe der Aargauer Zeitung), 15.8.2010. Vgl. auch Kapitel 9

Oberst im Generalstab Jürg Oberholzer, reiste sofort nach Übungsende nach Israel («privat», wie es im VBS hiess). Warum er kurze Zeit später freiwillig aus dem Leben schied, weiss man nicht. Sicher ist aber, dass er und das VBS in erheblichem Masse erpressbar geworden waren, und dies dürfte auch heute noch so sein.

Geheimabkommen mit Israel

Derzeit liest man, dass die Schweiz mit Israel am «World Economic Forum» (WEF) 2013 in Davos ein geheimes Abkommen geschlossen hat, das eine erweiterte Zusammenarbeit im Bereich der Rüstung und des Nachrichtendienstes vorsieht. Dies erstaunte sogar Mitglieder der Sicherheitspolitischen Kommission. Das VBS gab zu diesem Sachverhalt zunächst nur die Stellungnahme ab, dass der Inhalt «geheim» sei. Aus Kreisen des EDA wurde die Existenz einer solchen Absicht nicht in Abrede gestellt und betont, es handle sich dabei um einen «Staatsvertrag». Aber einen «geheimen Staatsvertrag» kann man nicht kündigen! Und: wieso Zusammenarbeit im nachrichtendienstlichen Bereich, wo man uns doch glauben machen will, unser Nachrichtendienst sei auf der Höhe seiner Aufgabe? Oder vielleicht doch nicht ganz? Soll uns Israel Nachrichten aus seinem Heimmarkt, dem Raum Naher Osten, liefern, und was interessieren uns diese? Was könnte Israel aus der Schweiz interessieren, was es nicht ohnehin schon weiss?

Ebenfalls unüblich ist die Geheimhaltung rund um die rüstungstechnische Zusammenarbeit mit Israel. Eine Erklärung dafür kann aus der vom Bundesrat verabschiedeten Antwort auf ein Postulat von alt Ständerat Bruno Frick Nr. 10.3622 herausgelesen werden. Darin wird nämlich eine solche Zusammenarbeit insbesondere ausgeschlossen mit Ländern, die «Menschenrechte systematisch und schwerwiegend verletzen», eine Lage, die für Israel aktenkundig ist. Die Schweiz dürfte auch hier erpressbar geworden sein.

Aktenvernichtung auf Druck der USA?

Eigenartiges spielte sich zudem im sogenannten «Fall Tinner» ab. Die schweizerische Öffentlichkeit erinnert sich, dass die Gebrüder Marco und Urs Tinner sowie deren Vater seinerzeit angeklagt wurden, in grossem Stil Material zur Urananreicherung sowohl an Pakistan wie auch an Iran geliefert zu haben. Eine Hausdurchsuchung förderte belastendes Material zutage, das aber im Jahre 2007 auf Geheiss des damaligen Justizministers Blocher vernichtet wurde. Die Herren Tinner haben aber auch als Doppelagenten für den CIA gearbeitet. Die Aktenvernichtung geschah offensichtlich auf Druck der Amerikaner. Ein ordentlicher Prozess konnte nie stattfinden, und die Herren Tinner willigten 2011 zwecks Erledigung in eine «Anklage im abgekürzten Verfahren» ein. Erpressung der Schweiz durch den CIA?

Krieg der Geheimdienste

Bezüglich der «Zusammenarbeit» Israels mit den USA hört man Erstaunliches. Demnach soll der rasche Rücktritt des CIA-Chefs General Petraeus und die Beiseitestellung des designierten Nato-Oberbefehlshabers General Allen keineswegs die Konsequenz wiederbelebter moralischer Massstäbe sein, sondern vielmehr die Folge eines hässlichen Streites in der amerikanischen Führungsetage. Bei letzterem ging es um die Vorgehensweise im Nahen und Mittleren Osten, und hier wollten die beiden Militärs offenbar nicht das, was gewisse Interessengruppen wollten, und der Präsident scheint auch Gegenstand von Erpressungen gewesen zu sein. Jedenfalls liess er seine beiden früher zu Helden der Nation hochstilisierten Generäle über die Klinge springen. Beide werden es als das kleinere Übel erachtet haben, dass man ihnen eine unappetitliche Sex-Affäre unterschob, als dass Details des erwähnten Streites an die Öffentlichkeit gedrungen wären. Der Fall Clinton/Monica Lewinsky wird sie gelehrt haben, dass die Anstifter solcher Erpressungen über mehr Mittel verfügen als gemeinhin angenommen wird. Im Falle Clinton musste die Operation allerdings vorzeitig abgebrochen werden, weil man erkannte, dass es keinen Nachfolger für Präsident Clinton gab, den man nicht erst hätte zeitraubend erpressbar machen müssen.

Im Krieg der Geheimdienste können nur Profis überleben, die innovativ sind und sich an gewisse Regeln halten. Das Drehbuch ist kaum verknüpft mit der sichtbaren Welt.[80]

---

[80] Betschon Franz. Das eurasische Schachturnier. Krisen, Hintergründe und Prognosen. Frankfurt/Main: R.G. Fischer 2009, S. 167

8. Die freiwillige Entwaffnung der Schweizer Armee

Willy P. Stelzer

Unter dem Titel «Schleichende Abkehr von der Milizarmee» hat der Autor bereits 2007 die zu wenig durchdachten Konsequenzen der Armeereform-Ideen analysiert.[81] Insbesondere sind in der genannten Studie aber die Verpflichtungen der Schweiz in bezug auf die Neutralität (völkerrechtlicher Status durch Artikel 435 des Friedensvertrages von Versailles vom 20. November 1815, dessen Anerkennung durch die Signatarstaaten) und die auch heute noch gültigen völkerrechtlichen Rechte und Pflichten des dauernd neutralen Staates Schweiz festgehalten worden: Der Staat Schweiz ist durch diesen Vertrag verpflichtet, sein Gebiet gegen äussere Angriffe mit allen ihm zur Verfügung stehenden Mitteln zu verteidigen und nicht nur «Raumsicherung» zu betreiben.

Betrachten wir nun die Mittel der Armee, beginnend mit ihrer Ausrüstung basierend auf der Truppenordnung 61 und ihrem Zustand im Jahre 1989, dem Jahre des Falls der Berliner Mauer. Wie das Buch «Erinnerungen an die Armee 61» (Haupt-Autoren Heinz Häsler, Louis Geiger, Franz Betschon) samt der beigefügten Generalstabskarte des Dispositivs «Zeus» festhält, war die schweizerische Milizarmee hervorragend ausgerüstet, einsatzbereit und glaubwürdig.[82] In den folgenden Jahren wurde die Schweizer Milizarmee zum Spielball der Politik.[83]

---

81 Stelzer Willy P. Schleichende Abkehr von der Milizarmee. Neue Zürcher Zeitung, 30.8.2007

82 Betschon Franz & Geiger Louis. Erinnerungen an die Armee 61. Eine zeitgeschichtliche Dokumentation. Frauenfeld: Huber 2009

83 Siehe Beitrag des Autors in der Allgemeinen Schweizerischen Militärzeitschrift (ASMZ). Nr. 08/2010

Warnung erfahrener Offiziere in den Wind geschlagen

Die Reformen starteten mit der Armee 95 unter Bundesrat Kaspar Villiger. Die neu entworfene Armee enthielt – wie jedes neue Produkt – eine Anzahl Mängel. Dem Nachfolger im Militärdepartement, Bundesrat Adolf Ogi, sind zwei schwerwiegende Fehlentscheide anzulasten: Erstens unterliess er es, die Mängel der Armee 95 zügig zu beheben, und vertrat stattdessen die fatale Ansicht, die Mängel liessen sich ganz einfach mit dem «Projekt Armee XXI» beheben. Zweitens schlug er die Meinungen erfahrener Offiziere aller Stufen in den Wind, welche darauf aufmerksam machten, dass keine Armee der Welt zwei Reformen innerhalb einer Dekade erträgt. Es ist an die Aussagen von US-General Colin Powell, des nachmaligen US-Aussenministers, und an diejenige von Generalstabschef Korpskommandant Eugen Lüthi zu erinnern.

Der frühere Generalstabschef Korpskommandant Heinz Häsler hielt in seinem Referat an der Generalversammlung der *Gruppe Giardino* vom 3. März 2012 klar fest: «Adolf Ogis Armee XXI ist gescheitert.» Betrachten wir die Ausgangslage und den Ursprung des Scheiterns.

Armee XXI geplant von Adolf Ogis «Amerika-Fraktion»

Im Vorfeld der Planung der Armee XXI wurde wie üblich eine Anzahl Berufsoffiziere an US-Militärschulen abkommandiert, darunter die Offiziere Ulrich Zwygart, Urban Siegenthaler, Alfred Roulier, Andreas Wenger. Sie wollten die Schweizer Milizarmee so umbauen, wie es der US- und Nato-Doktrin entsprach. Der damalige US-Verteidigungsminister Donald Rumsfeld hat nicht nur den Begriff «Transformation» geprägt, sondern auch die amerikanische Armee zu einer Angriffsarmee auf modularer Basis umgebaut. Der damalige Präsident der Schweizerischen Offiziersgesellschaft, Ulrich Siegrist, hat in der Folge in praktisch all seinen Beiträge in der Allgemeinen Schweizerischen Militärzeitschrift vehement für die «Transformation der Schweizer Milizarmee» plädiert. Die beiden Vorgänger von Bundesrat Ueli Maurer, Adolf Ogi und Samuel Schmid, haben trotz unablässigen Warnungen von erfahrenen Berufs- und Milizoffizieren das Konzept Armee XXI auf die Schweizer Milizarmee aufgepfropft. Und die Mehrheit der bürgerlichen Parlamentarier hat sich nicht mit dem Thema Armee befasst: Armee – kein Thema!

Stimmbürger über den Tisch gezogen

Nun kann zu Recht argumentiert werden, das Schweizer Stimmvolk habe am 18. Mai 2003 der Reform Armee XXI zugestimmt. Wer sich wie der Autor am Abstimmungskampf beteiligt hat, weiss, dass die Bürgerinnen und Bürger mit Tatsachen-Verfälschungen über den Tisch gezogen worden sind. Es sei hier auf das Buch «Spin Doctors im Bundeshaus» von Frau Dr. phil. Judith Barben verwiesen.[84] Mit der Armee XXI sind vom Souverän 140 000 Mann Aktive und 80 000 Mann Reserve beschlossen worden, voll ausgerüstet. Aber mit dem Volksentscheid war der Abbau der Armee und damit auch ein Material-Eliminierungsprozess in Gang gesetzt worden, sehr zur Freude der SP, der «Gruppe Schweiz ohne Armee» (GSoA) und weiterer Armee-Gegner.

Mit dem Konzept Armee XXI wurde die Kommission für militärische Landesverteidigung in «Geschäftsleitung» unbenannt. Die Positionen des Generalstabschefs und des Ausbildungschefs wurden ersatzlos gestrichen, dafür wurde unter Bundesrat Samuel Schmid neu die Position des Chefs der Armee (CdA) geschaffen. Statt sich mit Generalstabschef, Ausbildungschef, vier Korpskommandanten, dem Kommandanten der Flugwaffe und dem Rüstungschef in anspruchsvollen Sitzungen auseinanderzusetzen, wollte Samuel Schmid nur noch einen Gesprächspartner haben. Dass ausgerechnet ein Pilot zum obersten Chef der Armee gewählt wurde, nämlich Korpskommandant Christo-

---

84 Barben Judith. Spin doctors im Bundeshaus. Gefährdung der direkten Demokratie durch Manipulation und Propaganda. Baden: Eikos 2010

phe Keckeis, war ein weiterer folgenschwerer Entscheid, genau gleich wie die Ernennungen von Divisionär Jakob Baumann zum Chef Planung der Armee, Werner Bläuenstein zum Chef Logistik oder später die Ernennung eines Fliegerabwehr-Offiziers zum CdA, als Nachfolger des Piloten.

Verantwortliche im VBS

Die höheren Stabsoffiziere Christophe Keckeis, Jakob Baumann, Werner Bläuenstein und André Blattmann sind als «Exekutivmitglieder» für die Umsetzung der Armee XXI und somit für das jetzige Desaster in hohem Masse mitverantwortlich. Da Christophe Keckeis aufgrund seines Werdeganges mit einer zentral kommandierten Luftkampfführung vertraut war (mit Blick im Cockpit des Kampfflugzeuges auf den Bildschirm), setzte er das Projekt einer zentralen Armeeführung ab Bern durch, unter anderem unterstützt durch das Führungs-Informations-System «FIS Heer». In dieses wurden sage und schreibe rund 750 Millionen Schweizerfranken investiert. Das Pflichtenheft kann auch heute, zur Zeit der Drucklegung dieses Buches, nur teilweise erfüllt werden. Statt das Projekt ganz abzuschreiben, will die VBS-Spitze Maurer/Blattmann das System FIS Heer auf Teil-Stufen, zum Beispiel bis auf Stufe Kompanie, einsetzen.

Divisionär Jakob Baumann wurde im Jahre 2004 von seinem Vorvorgänger, Divisionär Paul Müller, Unterstabschef Planung (1991–1997), auf die Folgen einer ersatzlosen Eliminierung ganzer Waffensysteme angesprochen, insbesondere auf die riesigen Lücken in der Armeeausrüstung und deren Folgen. Jakob Baumann nahm die berechtigten Argumente des ehemaligen und bestens qualifizierten Unterstabschefs Planung nicht an, und es kam zwischen den beiden höheren Stabsoffizieren in der Folge kein weiteres Gespräch mehr zustande.

Ersatzlose Liquidation ganzer Waffensysteme

Die «Verzichts»-Planung «Masterplan» von 2002 sah vor, folgende Systeme zu «liquidieren» beziehungsweise Teile davon (das Bloodhound-System war bereits eliminiert worden):

- *Panzer 87 Leopard:* Die damals geplante Liquidation auf einen Rest von 150 Fahrzeugen wurde nicht umgesetzt. Tatsächlich sind von der ursprünglichen Flotte heute 134 Panzer 87 kampfwertgesteigert erhalten. Die übrigen sind entweder noch in Nutzung, bis alle kampfwertgesteigerten Fahrzeuge zugelaufen sind, oder sie sind für Projekte genutzt, reserviert oder verkauft worden – zur Weiterverwendung oder als Gegengeschäft (Bergepanzer und Minenräumungspanzer). Ein Ausserdienststellungskonzept liegt in End-Entwurfsform vor. Es wurden offensichtlich keine Panzer 87 Leopard verschrottet.
- *Brückenpanzer 68/88 (30):* Alle im Liquidations-/Ausserdienststellungs-Prozess – insbesondere weil für den Betrieb entscheidende Ersatzteile nicht mehr vorhanden sind!
- *Entpannungspanzer 65/68 (69):* Totalliquidation
- *Panzer 68/88 (190):* Totalliquidation
- *Panzerhaubitzen 64/74 (273):* nicht kampfwertgesteigerte Panzerhaubitze total liquidiert
- *Panzerhaubitzen kampfwertgesteigert (348):* Teilliquidation ohne Panzerhaubitzen kampfwertgesteigert und werterhalten (135) und weitere Exemplare. Die meisten «überzähligen» Exemplare sind für den Verkauf vorgesehen oder befinden sich im Bestand der Armasuisse oder sind eingelagert.
- *12-cm-Minenwerfer 64/87 (402):* Totalliquidation
- *Mittlere Flab Feuereinheiten (90):* Teilliquidation von 45
- *Mirage III (30):* Totalliquidation
- *Mirage III RS (18):* Totalliquidation
- *Helikopter Alouette III (60):* Liquidation nach Kauf Helikopter EC 635
- *Jet Trainer HAWK (19):* verkauft an Finnland

- *Schützenpanzer 63/89 (M113):* Die im Dokument aufgezeigte Liquidation wurde vermutlich nicht umgesetzt; sie hätte nämlich auch die Artillerie umfassend betroffen. Es wird jedoch auf die nachstehenden Ausführungen zu den Schützenpanzern 63/89 verwiesen.

In der Studie von Divisionär Paul Müller vom 5. Dezember 2006, im Kapitel «Materialbilanz/Rüstung», wird eine Übersicht gegeben, die einen weiteren Einblick in die eingeleitete Eliminierung von schwerem Armeematerial vermittelt:

System	Total	Entwicklungsschritt 2008/11 (ES 08/11)	Bemerkungen
Kampfpanzer 87 Leopard	380 (134 davon kampfwertgesteigert)	134 (kampfwertgesteigert) – 4 Panzerbataillone à 28 Panzer – 2 Aufklärungsbataillone à 10 Panzer	Es sind genügend Kampfpanzer Leopard vorhanden. Die Kampfwertsteigerung ist auf den «ES 08/11» ausgerichtet. Für zwei zusätzliche Panzerbataillone zusätzliche Kampfwertsteigerung oder Neuverteilung
Schützenpanzer 2000	186	186	Der «ES 08/11» ist auf die vorhandene Anzahl ausgerichtet (1. Tranche). Für zwei zusätzliche Panzerbataillone fehlen circa 50 Schützenpanzer (2. Tranche?)
Panzerhaubitzen 74/95	566 (273 davon kampfwertgesteigert)	120 + Ausbildung + Reserve	Es sind sehr viele überzählige Panzerhaubitzen vorhanden (ein Grossteil ist in der Zwischenzeit verschrottet worden; Anmerkung W.P.S.)
Radschützenpanzer 93	520	verschiedenste Verwendung	Nur fünf bis sechs von 20 (18) aktiven Infanteriebataillonen können ausgerüstet werden. Ein Rüstungsprogramm für neue Fahrzeuge ist vorgesehen.
Schützenpanzer 63/89 (M113)	365 (kampfwertgesteigert)	eingelagert in Turtmann, trotz massiven Protesten im Jahr 2012 verschrottet	Bei einer Weiterverwendung könnten circa sechs zusätzliche Infanteriebataillone alimentiert werden. Trotzdem sollen neue zusätzliche Fahrzeuge beschafft werden.

Tabelle 2 *Übersicht über die eingeleitete Eliminierung von schwerem Armeematerial (2006)*

SP-Parteispitze unterhöhlt Landesverteidigung

Die Armee nach dem Modell «Entwicklungsschritt 08/11» kann den Verteidigungsauftrag gemäss Bundesverfassung, Art. 58, gar nicht erfüllen, geschweige denn mit dem Projekt «WEA» (Weiterentwicklung der Armee).[85]

«Les extrêmes se touchent.» Die SP, welche der Armee schon vor dem Ersten und Zweiten Weltkrieg ablehnend gegenüberstand, setzte mit ihrem Entscheid an der Delegierten-Versammlung 2010 (Antrag eingebracht durch den Juso Cédric Wermuth) ihrer Strategie die Krone auf. Getrieben von wilden Ideen der Juso, beschloss die SP den Abbau der Schweizer Armee. Wermuth setzte damit die von der SP-Partei-Strategin Nationalrätin Barbara Haering-Binder vorgegebene Strategie konsequent um. Der Autor hat Nationalrätin Haering-Binder mit einem mehrseitigen Brief aufgefordert, Stellung zu grundsätzlichen Armeefragen zu beziehen. Die Nationalrätin antwortete am 6. Juni 2006 prompt (im Gegensatz zur Mehrheit der angeschriebenen bürgerlichen Parlamentarier) und führte auf der letzten Seite ihrer achtseitigen Antwort aus:

«Abbau und Umbau der Schweizer Armee: Eine weitere und markante Reduktion der Bereitschaft zur Landesverteidigung steht an. Dieser Abbau wird verbunden werden müssen mit dem Aussetzen der allgemeinen Wehrpflicht und einem Ausbau des Zivildienstes zu einem freiwilligen Zivildienst.»

Festhalten an starker Milizarmee

Während die SVP dem Festhalten an einer starken Milizarmee bis heute grundsätzlich positiv gegenübersteht, bleibt die FDP ein unzuverlässiger Partner. FDP-Nationalrat Edi Engelberger, Mitglied der Sicherheitspolitischen Kommission des Nationalrates (2001–2003) und deren Präsident (2003–2005), vermochte weder die armeefeindliche Politik von SP-Kommis-

---

[85] Siehe Standortbestimmung vom 23. April 2012 der Sicherheitspolitischen Kommission Nationalrat

sions-Mitglied Barbara Haering-Binder zu stoppen (sie war 1990–2007 Kommissionsmitglied und 2006–2007 Präsidentin), noch wehrte er sich energisch genug gegen die desaströse Armee-Abbaupolitik der damaligen VBS-Verantwortlichen und der damaligen Armeeleitung. Wie sein FDP-Kollege Nationalrat Peter Malama unterstützte er die Einführung des abstrusen Modells der «Durchdiener», die ihre gesamte Militärdienstpflicht am Stück absolvieren. Nationalrat Malama befürwortete öffentlich die Erhöhung der Durchdienerquote von 15% auf 30%, was auf eine Verkleinerung des Milizarmee-Bestandes hinzielt. Viele FDP-Mitglieder negierten die Tatsache, dass Durchdiener Söldner sind und damit eine Vorstufe für eine Berufsarmee bilden. Eine solche benötigt weniger Material, und darum wird solches planmässig eliminiert, verschrottet oder verkauft.

Weltfremde Konzepte

Unter der Führung von Bundesrat Samuel Schmid, CdA Christophe Keckeis und den Planungschefs Urban Siegenthaler und Jakob Baumann wurde die Verkleinerung der Armee mit gezielten Material-Vernichtungen beschleunigt, und es sind irreversible Präjudizien geschaffen worden. Immerhin sind Bundesrat Samuel Schmid und seinem persönlichen Berater Divisionär Rusch zugute zu halten, dass sie auf Anfrage von SVP-Nationalrat Toni Brunner 365 Schützenpanzer 63/89 (M113), kampfwertgesteigert (ausgerüstet mit neuen Diesel-Turbo-Motoren, neuen Getrieben und Zusatzpanzerung), im Jahre 2006 in den leerstehenden Flugzeughallen in Turtmann einlagern liessen. Die Korrespondenz des Autors mit Christophe Keckeis (mit welchem er zusammen mit dem nachmaligen letzten Miliz-Korpskommandanten Simon Küchler 1973 den Beförderungsdienst zum Bataillonskommandanten absolviert hatte) weist nach, dass Keckeis eine Annäherung und den Beitritt zur Nato vorantrieb. Er plädierte im Sinne Adolf Ogis für eine verkleinerte «High-Tech-Armee», wie sie Ogi und den vorgängig zitierten und in der US-Armee ausgebildeten Berufsoffizieren vorschwebte. Dieses Konzept Armee XXI wurde von Samuel Schmid fortgesetzt. Christophe Keckeis hat sich nach seiner Pensionierung selbst entlarvt: Nach seinem Rücktritt als CdA befürwortete er gemäss Berichterstattung in der welschen Presse im Jahre 2012, zusammen mit dem Genfer Parlamentarier Pierre Maudet, den Abbau der Milizarmee und die Einführung einer 20 000 Mann starken Berufsarmee. Dass aber eine solche Armee reine Lohnkosten von rund zwei Milliarden Franken erfordern würde, blendet Keckeis aus und ebenso die Unterbringung dieser Berufsmilitärs mit ihren Familien in Armeecamps. Eine solch kleine Berufsarmee braucht viel weniger Material. Auf dieses Ziel wurde und wird hingearbeitet.

Kalter Staatsstreich

Die Bestrebungen der Armeeabschaffer vom Dienst (wie SP, GSoA, Teile der Grünen Partei) decken sich unsinnigerweise mit konfusen Ideen von FDP- und CVP-Exponenten und weiteren Berufsarmee-Befürwortern. Das Vorantreiben dieses Konzeptes und die damit eingeleitete Zerstörung der Milizarmee werden geschickt mit der Eliminierung von leichtem und schwerem Armeematerial beschleunigt. Dies kann als ein kalter Staatsstreich innerhalb der Armee bezeichnet werden. Viel zu wenige bürgerliche Parlamentarier haben sich gegen den Abbau der Armee gewehrt. Es gibt Ausnahmen, allen voran die Stände- und Nationalräte Hans Altherr, Elmar Bigger, Christian Miesch, Pius Segmüller und Ulrich Schlüer. Die Ständeräte Bruno Frick (seit November 2011 abgewählt) und Hans Hess hingegen unterstützten die Vorgaben der Chefs VBS. Hans Hess antwortete dem Autor, dass er von seinen Befürchtungen zwar Kenntnis nehme, jedoch wie die FDP-Fraktion stimmen würde. Bruno Frick löste mit seinen Armee-Planungs-Varianten Diskussionen über Mannschaftsstärken von 60-, 80-, 100- und 120 000 Mann aus, ferner den Auftrag, deren Finanzrahmen zu berechnen. Somit waren erneute Diskussionen vom Zaun gerissen worden, welche Armee sich die reiche Schweiz finanziell noch leisten könne. Bruno Frick überging den Entscheid des Souveräns vom 18. Mai 2003, der einer Armee XXI mit einer Mannschaftsstärke von 140 000 Mann Aktiven und 80 000 Mann Reserve, beide voll ausgerüstet, zustimmte.

Totgeburt «Aufwuchs»

Die genannte Reserve von 80 000 Mann stand aber von Anfang an unter dem Begriff «Aufwuchs» auf dem Papier, konnte aber infolge der in Gang gesetzten Material-Eliminierung gar nie ausgerüstet werden. Dies wurde dem Souverän verschwiegen, ebenso wie zum Beispiel die Eliminierung der Panzerminenwerferkompanien in den Panzerbataillonen. Zwar figurierten auf den WK-Aufgebots-Plakaten diese Panzerminenwerferkompanien während Jahren nach wie vor, obschon die Panzerbataillone über keine Panzerminenwerfer mehr verfügten. Der Bataillonskommandant des Panzerbataillons 17 bestätigte im WK 2007 auf der Wichlenalp, dass er seine Panzerminenwerferkompanie gar nie gesehen hatte. Die Mannschaft dieser Kompanie wurde unter anderem für Bewachungsaufgaben in Genf eingesetzt. Den in der Armee (Stand 2012) übrig gebliebenen sechs Panzerbataillonen fehlt «die kleine Artillerie des Bataillonskommandanten». Nach wie vor sind die Panzerminenwerferkompanien nicht wieder formiert worden.

Pro memoria: In den Jahren 1988 und 1995 verfügte die Schweizer Armee noch über 23 Panzerbataillone.[86]

Milizoffiziere fordern Kursänderung

Da der Umfang der durch den Autor sowie andere Milizoffiziere geführten Korrespondenz das Volumen dieses Beitra-

---

[86] Haudenschild Roland (Hrsg.). Von der Armee 61 über die Armee 95 und die Armee XXI zum Entwicklungsschritt 2008/11. Eine vergleichende Übersicht und Zusammenfassung (Armee-Synopse). Schriftenreihe der Eidgenössischen Militärbibliothek und des Historischen Dienstes, Nr. 39. 2009

ges bei weitem sprengen würde, seien hier nur einige wenige Dokumente zitiert. Auf eine Wiedergabe der Antworten der Chefs VBS, Chefs der Armee, Parlamentarier, Präsidenten der Schweizerischen Offiziersgesellschaft und weiterer angeschriebener Verantwortungsträger wird weitgehend verzichtet. Einige Antworten waren sehr ausführlich, die meisten jedoch kurz. In der Regel waren sie nichtssagend wie: «Ich habe von Ihren Ausführungen Kenntnis genommen» oder «Ich danke für Ihr Engagement». Mit Konzentration auf die Vernichtung von schwerem Armeematerial und Waffensystemen seien hier folgende Dokumente erwähnt:

8.5.2009 – Aufgrund der Anfrage des Autors erstellt Divisionär Chevalley das «Fact Sheet» Stillegung Panzer 87 Leopard und M113. In diesem werden die Stillegungen, Einlagerungen, allfällige Stillstandsschäden, Werterhaltungs-Projekte und Einlagerung von 360 Schützenpanzern 63/89 (M113), bestimmt für allfälligen späteren Aufwuchs, festgehalten.

25.12.2009 – Brief Autor an Bundesrat Didier Burkhalter: Hinweis auf das Debakel angerichtet durch die Herren Ogi, Schmid, Keckeis, Zwygart, Siegenthaler und Baumann. Die Schweiz befindet sich im Wirtschaftskrieg. Bitte/Gesuch, den BR-Kollegen Ueli Maurer zu unterstützen.

26.12.2009 – Brief Autor an Nationalrat Jakob Büchler, Mitglied der Sicherheitspolitischen Kommission des Nationalrates: Eliminierung von schwerem Rüstungsmaterial stoppen. Der Verwaltung ist die Kompetenz zur Vernichtung von Rüstungsmaterial und Waffensystemen abzusprechen.

20.1.2010 – Brief Autor an Nationalrat Roland F. Borer: Die Verschrottung/Eliminierung von schwerem Material muss unverzüglich gestoppt werden. Die Situation ist dramatisch. Beilage: «Fact Sheet» vom 8.5.2009. NR Borer reagiert mit parlamentarischer Anfrage.

Fragen an den Chef der Armee

25.1.2010 – Brief Autor an Korpskommandant André Blattmann: Bezug auf die Sifa-Wintertagung vom 23. Januar 2010 in Aarau: Wiederholung der vier an der Tagung gestellten Fragen:

1. Warum wird die Verschrottung des schweren Materials nicht unverzüglich gestoppt?
2. Warum wurden für die Leopard 2 Panzer nicht genügend Ersatzteile beschafft?
3. Warum benötigt man für eine Armee von 120 000 AdA (Angehörigen der Armee) über 50 Generäle, und warum reduziert man diese Anzahl nicht um zwei Drittel?
4. Warum setzt man in Anbetracht der aktuellen «Bedrohungslage» nicht die WK für ein Jahr aus, stellt zwei bis drei Bataillone auf Pikett und spart damit einen dreistelligen Millionenbetrag?

5.2.2010 – Brief Autor an Nationalrat Jakob Büchler: Alle Diskussionen und Debatten über einen neuen SiPol-Bericht oder ein neues Armeeleitbild nützen nichts, wenn man dem vorhandenen Material nicht Sorge trägt. Die Armee ist auf den Prellbock gefahren worden.

30.4.2010 – Argumentarium Autor zu den Stichworten:

1. Wiederholt sich die Geschichte?
2. Entscheid des Souveräns.
3. Wer ist für die Schieflage der Armee verantwortlich?
4. Wo ist primär anzusetzen?
5. Fehlende finanzielle Mittel.
6. Armeeauftrag gemäss Bundesverfassung Art. 58.
7. Fahrlässige Verschleuderung von Armee-Material.
8. überfällige Gemeinkosten-Wert-Analyse (Due Diligence/Werthaltigkeitsprüfung).
9. Parlamentarische Untersuchungskommission und Marschhalt sind unabdingbar.

7.5.2010 – Brief Autor an Dr. phil. Roland Beck, Chefredaktor «ASMZ»: Die Armee kann derzeit den verfassungsmässigen Auftrag nicht mehr erfüllen. Die Armee hat keinen Vietnam-Krieg verloren, ist nicht drogenverseucht. Alle Probleme sind hausgemacht.

Reserve nur noch auf dem Papier

2.6.2010 – Brief Autor an CdA Korpskommandant André Blattmann: Übergabe der Kopien von Schreiben an Frau BR Doris Leuthard, BR Didier Burkhalter, BR Ueli Maurer, BR Hans-Rudolf Merz, NR Jakob Büchler, SR Bruno Frick, NR Roland Borer: Was nützen Sicherheitspolitischer Bericht und Armeebericht, wenn man mit der Verschrottung von schwerem Armeematerial weiterfährt? Hinweis auf das Buch von Dr. Jacques Engeli «Frankreich 1940 – Wege in die Niederlage». – Marschhalt – zurück auf Feld Eins!

08/2010 – Beitrag Autor in der «ASMZ» zum Thema «Schweizer Milizarmee – Spielball der Politik»

9.8.2010 – Aktennotiz Autor: Sendung «Tele Zürich – Talk Täglich»: BR Ueli Maurer sagt wortwörtlich auf die Frage «Armee Mannschaftsbestand 100 000 Mann?»: «Die Reserve besteht auf dem Papier und ist nicht ausgerüstet. Sie wird verschwinden.»

17.10.2010 – Brief Autor an NR Jakob Büchler: Fast unlösbare Aufgabe von BR Ueli Maurer; Hoffnung auf Unterstützung durch neu gewählten BR Johann Schneider-Ammann (Oberst im Generalstab). Avisierung des Besuches des Stabsmitgliedes der *Gruppe Giardino* Major aD Peter Boesch.

10.12.2010 – Brief der Präsidenten von 14 Milizarmee-freundlichen Organisationen (Schweizerische Offiziersgesellschaft, Schweizerischer Unteroffiziersverband, Landeskonferenz der militärischen Dachverbände, *Gruppe Giardino* und weitere) an die bürgerlichen Mitglieder des Ständerates; Kopie des Schreibens an BR Ueli Maurer, NR Jean-René Germanier, NR Jakob Büchler: Forderung: Aktiver Armeebestand 100 000 AdA,

Reserve, Budget fünf Milliarden Franken, Tiger-Teilersatz, Sistierung der überhastet eingeleiteten Massnahme zur Ausserdienststellung von Ausrüstungsgütern und Infrastrukturen.

7.3.2011 – Brief Autor an bürgerliche Parlamentarier:

- Der Armeebericht des Bundesrates muss abgelehnt werden.
- Die Verschrottung und die Kannibalisierung von Armeematerial sind unverzüglich mittels Dekret zu stoppen.
- Der «ominöse Beschluss» des Bundesrates an der Klausur-Sitzung vom 26.11.2008 im Berner Von-Wattenwyl-Haus muss unverzüglich aufgehoben werden. BR Ueli Maurer kann dies alleine nicht tun (Phalanx 1:6).

Verschrottung der Schützenpanzer stoppen

11.2.2012 – Brief Autor an Nationalrat Jakob Büchler: Dank für Telefonanruf vom 9. Februar 2012 an den Autor: Verschrottung Schützenpanzer 63/89 (M113) wird gemäss CdA Korpskommandant André Blattmann gestoppt. Hoffnung, dass der CdA das Ihnen am 8. Februar 2012 in Thun abgegebene Wort hält.

4.3.2012 – Brief Autor an NR Toni Brunner: Stopp Verschrottung Schützenpanzer 63/89 (M113) – Übergabe der Resolution der Generalversammlung der *Gruppe Giardino* vom 3. März 2012 und eines Dossiers mit einem halben Dutzend Briefe beziehungsweise Orientierungskopien.

12.3.2012 – Brief Bundesrat Ueli Maurer an Oberstleutnant aD Hans Schmid und den Autor: «Die laufenden Liquidationen inklusive Schützenpanzer 63/89 (M113) werden weiter geführt. Hingegen kommt es zu keinen Liquidationen von modernen Systemen, was eine Nutzung solcher Systeme im Sinne von Ersatzteillagern nicht ausschliesst. So wurden die Ausserdienststellungen von Festungsminenwerferanlagen gestoppt. Damit dürfte Ihrem Hauptanliegen Rechnung getragen sein, im Sinne der Sache.»

Anmerkung Autor: Dem Hauptanliegen der Arbeitsgruppe «Stopp der Verschrottung der einsatzfähigen M113/Schützenpanzer 63/89», welche unter Führung von Oberstleutnant aD Hans Schmid Hunderte von Stunden aufgewendet hat, ist nicht Rechnung getragen worden. Andere Armeen, beispielsweise diejenigen von Dänemark und Australien, setzen den M113 nach wie vor ein, auch im Jahre 2012 in Afghanistan.

22.3.2012 – Brief Autor an die drei Obersten und Parlamentarier Dr. Christoph Blocher, Prof. Felix Gutzwiller und Dr. Pirmin Schwander: «Die Spitze der Armee eliminiert ungestraft weiterhin einsatzfähiges Material. BR Ueli Maurer ist aufzufordern, die Verschrottung unverzüglich zu stoppen.» Der Autor erhält keine Antwort.

Besuch am Lagerort

18.4.2012 – Die *Gruppe Giardino* erreicht einen Besuch des CdA Korpskommandant André Blattmann – in Begleitung von Divisionär Jean-Jacques Chevalley, Divisionär Daniel Baumgartner, Chef Logistikbasis der Armee, Brigadier Hans-Peter Walser, Chef Armee Planung und den Herren Jean-Pierre Boudin und Jean-Phillip Seydoux (beide vom Armee-Logistik-Center Grolley) – am Lagerort der Schützenpanzer 63/89 (M113) in Turtmann (Kanton Wallis). Der CdA wünscht vorab in der vierköpfigen Delegation der *Gruppe Giardino* (Präsident Oberstleutnant aD Dr. Hermann Suter, Oberstleutnant der Panzertruppen aD Hans Schmid, Major der Panzertruppen aD Peter Boesch und Soldat aD Hans Kurmann) keine Teilnahme des Autors. Major Peter Boesch beweist mit seiner Fahrvorführung auf der Flugpiste Turtmann die Einsatzfähigkeit der Schützenpanzer 63/89 (M113) ab Stand und auf Anlasser-Knopfdruck. Der CdA Korpskommandant André Blattmann – befragt, was geschähe, wenn die Schweizer Armee morgen mobilisiert werden müsste – antwortet: «Dann würden wir die Verschrottung sofort stoppen.» Auch nach diesem Besuch und sachlichem

Disput wurde die Verschrottung der Schützenpanzer 63/89 (M113) von Bundesrat Maurer und Korpskommandant Blattmann nicht gestoppt.

19.4.2012 – Brief Oberst aD Felix Meier, ehemaliger Präsident der Vereinigung Schweizerischer Nachrichtenoffiziere, an Bundesrat Ueli Maurer: a) Die M113 sind fahrtüchtig. b) Auch wenn der Schützenpanzer 63/89 (M113) auf dem Gefechtsfeld nicht bestehen kann, so ist er als Truppentransporter für die Infanterie geeignet. c) Die Generäle in Bern werden von den Sachbearbeitern des VBS brandschwarz angelogen. d) Führung heisst Verantwortung übernehmen.

Wessen Brot ich ess …

Pro memoria: Von Januar bis Dezember 2012 wurden beziehungsweise werden bei der Firma Gotthard Schnyder AG, Emmen, monatlich 30 Schützenpanzer 63/89 (M113) verschrottet.[87]

Die Fachoffiziersgesellschaft «OG Panzer» hat mit Ausnahme eines Briefes an den C VBS tatenlos zugesehen. Um eine kristallklare Aussprache auf oberster Führungsebene wurde nicht nachgesucht. Solange an der Spitze der kantonalen und Fachoffiziersgesellschaften Berufsoffiziere stehen, bleiben deren Engagements limitiert: «Wessen Brot ich ess', dessen Lied ich sing.»

Fazit

1. Es verbleibt die Tatsache, dass zur Zeit der Drucklegung dieses Buches von 20 Infanteriebataillonen deren 13 (dreizehn!) nicht mit genügend Material ausgerüstet werden können. Es fehlen unter anderem die gepanzerten Truppentransport-Fahrzeuge. Aber Bundesrat Ueli Maurer und der CdA, Korpskommandant André Blattmann, liessen unbeirrt – und trotz der am 22. Dezember

---

[87] Verschrottungsplan Variante SYMF Ri, Stand 18.11.2011

2011 von Ständerat Paul Niederberger eingereichten Motion – einsatzfähige und im Kampfwert gesteigerte Schützenpanzer verschrotten.

2. Das Parlament muss die «Weiterentwicklung der Armee» (WEA) auf morschem Fundament und unter Finanzdruck verhindern. Frau Bundesrätin Widmer-Schlumpf ist in die Schranken zu weisen. Sie hat nach dem Parlamentsbeschluss vom Herbst 2011 nicht die geringste Berechtigung, einen Armeebestand von 80 000 Mannschaftsstärke und ein Budget von 4,7 Milliarden Schweizerfranken festzulegen. Der Bundesrat als Exekutive hat die Beschlüsse des Parlamentes auszuführen und nicht umgekehrt.
3. Die Motion 11.4135 «Ausserdienststellung von Rüstungsgütern», eingereicht am 22. Dezember 2011 von Ständerat Paul Niederberger, wurde von beiden Kammern positiv behandelt. Das heisst, die Motion wurde mit Abstimmung vom 31. Mai 2012 vom Ständerat und mit Abstimmung vom 6. Dezember 2012 vom Nationalrat angenommen, vom Nationalrat mit 91 zu 73 Stimmen (Ref. Nr. 8312). Es geht nicht weiter an, dass die VBS-Spitze und die Verwaltung den Willen des Souveräns ignorieren und teuer angeschaffte Rüstungsgüter und ganze Waffensysteme eigenmächtig eliminieren.

Am Seminar der Generalstabsoffiziere von Anfang November 2012 in Weinfelden begründete der CdA, Korpskommandant André Blattmann, die Materialvernichtungen folgendermassen (wörtliche Übermittlung eines Teilnehmers): «Wie wollen wir modernes Material anschaffen können, wenn wir noch veraltetes in den Kavernen stehen haben?» Der Leser möge bitte zweimal lesen! Diese Einstellung zum Steuerfranken und zum Materialerhalt allgemein lässt tief blicken. Die Sicherheitspolitischen Kommissionen beider Räte werden wohl künftig bei Neuanschaffungen fragen müssen: «Ist schon alles Alte vernichtet?»

Am 31. März 2012 ersuchte der Autor die Herren Paul Niederberger (Präsident GPK Ständerat) und Ruedi Lustenberger (Präsident GPK Nationalrat), im VBS eine Werthaltigkeitsprüfung (Due Diligence-Prüfung) mit Schwergewicht auf dem «Moloch Verwaltung» durchführen zu lassen. Dafür seien kein Millionenkredit und auch kein Einsatz einer teuren Beraterfirma wie McKinsey zu beschliessen, sondern der Einsatz von Milizoffizieren, die in der Durchführung solcher Projekte über profunde Erfahrung verfügen.

Abbildung 1: Mobilmachung. *Diese war bis 2003 das Markenzeichen der Schweizer Armee. Organisation, Abläufe und Materialdezentralisation ermöglichten es, aus dem Stand heraus, jederzeit und situationsgerecht eine grössere Anzahl Truppen innert 24 bis 48 Stunden einsatzbereit zu stellen. Die Schweizer Armee übertraf damit auch die meisten stehenden Heere Europas. In der Armee XXI ist es nicht mehr möglich, Truppen ohne langen Planungsvorlauf reflexartig und bedarfsgerecht zur Verfügung zu haben. (Bild Keystone/Sigi Tischler)*

Abbildung 2: Satellitenstation Feschel/VS. *Ziviles Objekt zur Sicherstellung existenzieller Bedürfnisse. Ungeschützt gegen Erpressungen aus der Luft. Gleichzeitig Kommunikationsknotenpunkt von globaler Bedeutung im Cyberwar. (Bild Keystone/Ludwig Weh)*

Abbildung 3: Eingangsportal Gotthard-Strassentunnel Nord. *Ziviles Objekt zur Sicherstellung existenzieller Bedürfnisse. Ungeschützt gegen Erpressungen aus der Luft. Gleichzeitig Kommunikationsknotenpunkt von globaler Bedeutung im Cyberwar. (Bild Keystone/Martin Ruetschi)*

Abbildung 4: Kernkraftwerk Gösgen. *Ziviles Objekt zur Sicherstellung existenzieller Bedürfnisse. Ungeschützt gegen Erpressungen aus der Luft. Betrifft auch Beznau I und II, Mühleberg, Leibstadt und viele Wasserkraftwerke. (Bild Christoph Ruckstuhl/NZZ)*

Abbildung 5: Flughafen Kloten. *Ziviles Objekt zur Sicherstellung existenzieller Bedürfnisse. Ungeschützt und daher strategische Luftlandungen aus der Tiefe des Raumes jederzeit möglich, auch aus Übersee. Betrifft auch die Flughäfen Genf, Dübendorf, Basel, Bern und weitere. (Bild Flughafen Zürich AG)*

Abbildung 6: Oberaar-Stausee. *Auf unseren Stauseen beruht ein grosser Teil unserer Elektrizitätsversorgung. Wenn sie nicht zeitgerecht, das heisst Tage im voraus, abgesenkt werden können, sind sie genauso wie andere zivile Objekte zur Sicherstellung existenzieller Bedürfnisse durch konventionelle Bombenangriffe besonders gefährdet und verursachen dann Überschwemmungen in grösseren Landesteilen mit vielen Menschenopfern und Infrastrukturschäden. (Bild Keystone/Branko de Lang)*

Abbildung 7: Eine Mirage III RS klärt auf. *Seit der Liquidation dieses Flugzeuges ist die Schweiz nicht mehr in der Lage, mit Flugzeugen bei Tag und Nacht über grössere Distanzen aufzuklären. «Das beste Auge der Armeeführung» nannte es ein seinerzeitiger Kommandant der Flieger- und Fliegerabwehrtruppen. Ironie der Geschichte: Die Fliegerstaffel 10 gewann ausgerechnet im*

letzten Jahr ihres Bestehens (2003) den grossen Nato-Aufklärer-Wettbewerb Elite und wurde so Europameister in der Luftaufklärung – eine Meldung, die der Presse von der Armeeführung vorenthalten wurde. (Bild © Peter Lewis/goatworks.com)

Abbildung 8: Eine Luftwaffe zum Anfassen. *Aufklärungsflugzeug Mirage III RS der Milizstaffel 10 überquert die Kantonsstrasse bei Buochs/NW. Die Wiedergewinnung dieser Luftaufklärerfähigkeit dauert mindestens zehn Jahre ab Entscheid und Materialverfügbarkeit. (Bild © Peter Lewis/goatworks.com)*

PTT

Abbildung 9: Unterirdische Flugzeugkaverne der Armee 61. *Sieben Stück stillgelegt ohne ausreichende Umweltschutzmassnahmen. (Bild Luftwaffe)*

Abbildung 10: Autobahn als Notlandepiste. *Eine Luftwaffe zum Anfassen: Regelmässig übten Luftwaffenverbände bis 1991 Einsätze ab Autobahnstützpunkten. Hier auf der Autobahn A6 beim Autobahnrestaurant Windrose bei Münsingen. (Bild René Zürcher/SkyNews.ch)*

Abbildung 11a: Brückenlegepanzer 68/88, Flussüberquerung in Flumenthal. *Der grössere Teil des panzergängigen Geländes in der Schweiz ist von Gräben und Flüssen durchzogen. Ohne Brückenlegepanzer können Panzerverbände nicht sinnvoll verschoben werden. (Bild Peter Hauser)*

Abbildung 11b: Brückenlegepanzer 68/88. *In einem internationalen Entwicklungsprogramm mit dem Leopard 2 Chassis als Basis hatte die Schweiz die Systemführerschaft. Seit dem 1.1.2012 verfügt sie nicht mehr über diese Panzerschnellbrücken. Wer entschied den Projektabbruch, bei dem eine starke zweistellige Millionenzahl an Schweizerfranken versenkt wurde? (Bild Tumasch Mischol)*

Abbildung 12a: Zieldarstellung für Fliegerschiessen mit Bordkanonen.
(Bild Dölf Preisig © Fotostiftung Schweiz/ProLitteris)

Abbildung 12b: Trefferlage. *(Bild Dölf Preisig © Fotostiftung Schweiz/ProLitteris)*

Abbildung 13: Jagdbomber Hunter. *Mit dessen Ausserdienststellung Ende 1994 verlor die Schweizer Luftwaffe eine weitere Fähigkeit und das Heer die Unterstützung aus der Luft. Die Wiedergewinnung der Erdkampffähigkeit inklusive der Neuorganisation der FLORG (Flieger-Leit-Organisation) dauert mindestens zehn Jahre ab Entscheid und Materialverfügbarkeit.*
(Bild Dölf Preisig © Fotostiftung Schweiz/ProLitteris)

Abbildung 14: Abfangjäger Mirage III S. *Erfolgreichste Flugzeugbeschaffung der Schweiz aller Zeiten, nachdem eine PUK wegen für heutige Verhältnisse geringfügigen Kostenüberschreitungen das Projektmanagement verbesserte. Überschallfähig. Wurde auch von reinen Milizpiloten geflogen. Liquidiert 1999 und ersetzt durch F/A-18. (Bild © Peter Lewis/goatworks.com)*

Abbildung 15: 15,5cm Panzerhaubitze M-109. *Verschiesst dieselbe Munition wie das Festungsgeschütz Bison, unter anderem seinerzeit auch Streumunition, die zwischenzeitlich aufgrund einer internationalen Konvention vernichtet wurde. Für die Schweiz wichtige Armeen haben das Streu-*

munitionsverbot nicht unterzeichnet. Von der einst zweitgrössten Flotte der Welt (504 Stück) sind noch circa 133 übriggeblieben. Munitionsproblematik siehe Festungskanone Bison. Insgesamt zu wenig Munition für richtige Ausbildung und Kriegseinsatz. (Bild © Schweizer Armee-ZEM)

Abbildung 16: 15,5cm Festungskanone 93 L52 Bison. *Geschütztechnische Meisterleistung der K&W Thun, sowohl was Reichweite wie auch was Schusskadenz betrifft. Wahrscheinlich immer noch eines der leistungsfähigsten Rohrgeschütze der Welt. Die Bison ersetzte dank ihrer hohen Feuerkraft drei mobile Panzerhaubitzen M-109. Sie verschoss die gleiche Munition wie diese. Geschütze nach Ausbau nicht mehr verwendbar, da nicht lafettiert. (Bild © Schweizer Armee-ZEM)*

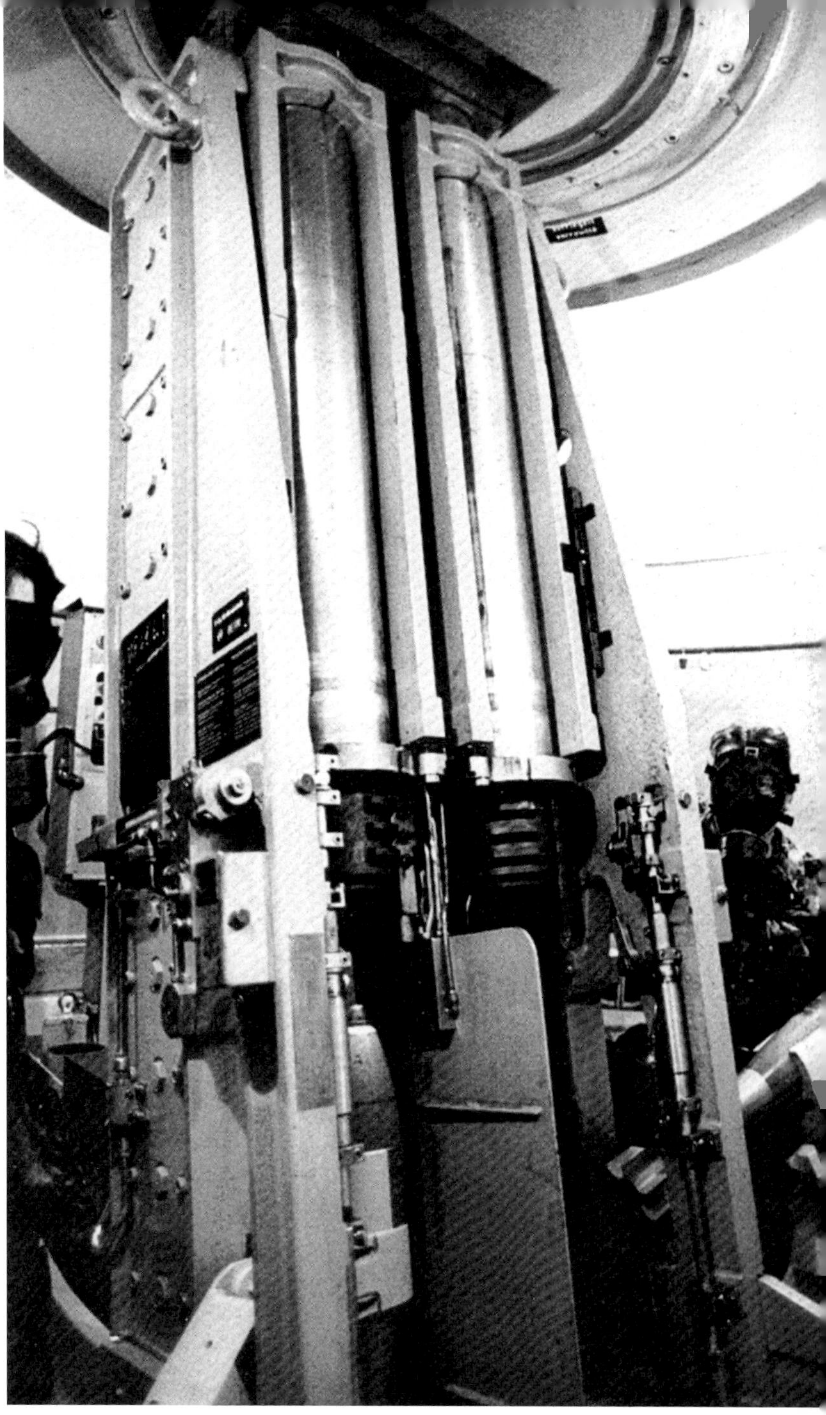

Abbildung 17: 12cm Zwillings-Festungsminenwerfer 59/83. *Geschütztechnische Meisterleistung der K&W Thun, sowohl was Reichweite als auch was Schusskadenz betrifft. Geschütze nach Ausbau nicht mehr verwendbar, da nicht lafettiert, wenn nicht sogar schon zerstört. (Bild © Kommando Gebirgsarmeekorps 3/Buchfoto aus «Unser Alpenkorps» 1983)*

Abbildung 18a: Schützenpanzer 63/89 M-113 kawest. *Dieser Schützenpanzer dient heute noch in vielen Armeen der Welt zum Schutz zu transportierender Infanteristen und wird aktuell auf vielen Kriegsschauplätzen eingesetzt. (Bild © Schweizer Armee-ZEM)*

Abbildung 18b: Schützenpanzer 63/89 M-113 kawest. *Aufladen des Schützenpanzers in Gampel-Steg/VS zur Verschrottung (vgl. Kapitel 8). Den Schweizer Infanteristen wurde damit dieses einsatzfähige Fahrzeug weggenommen. (Bild Michael Waldvogel)*

Abbildung 18c: Schützenpanzer 63/89 M-113 kawest. *Abfahrt von Gampel-Steg/VS. Ganze 365 Stück wurden verschrottet. Damit könnte man sechs bis neun Infanteriebataillone ausrüsten. (Bild Michael Waldvogel)*

Abbildung 18d: Schützenpanzer 63/89 M-113 kawest. *Zuführung zur Verschrottung bei der Gotthard Schnyder AG in Emmen/LU. Seither müssen immerhin knapp 3000 Mann (Familienväter) ungeschützt in den Einsatz fahren. Ersatz ist noch keiner in Sicht. (Bild Michael Waldvogel)*

Abbildung 19: Patrouille Suisse. *80% der Pressemeldungen im Ausland, die sich mit der Schweizer Armee befassen, betreffen die Patrouille Suisse. Geflogen wird sie derzeit mit Flugzeugen des Typs F-5E Tiger II. Dank den deutlich tieferen Flugstundenkosten der Tiger-Flugzeuge kann das Flugtraining der F/A-18-Piloten wesentlich kostengünstiger realisiert werden. (Bild Luftwaffe)*

Abbildung 20: Panzer 87 Leopard 2. *Gebaut: 380 Stück, davon heute möglicherweise noch in der Schweiz einsetzbar: 134 Stück. Einer der modernsten Kampfpanzer der Gegenwart. Insgesamt zu wenig Munition für Ausbildung und Kriegseinsatz. Nebst der Verschrottung sind auch 42 Stück an Deutschland zurückverkauft worden. Deutschland hat diese nach Revision vermutlich an Saudi-Arabien weiterverkauft. Ob sie beim Einmarsch in Bahrain im März 2011 schon dabei waren? (Bild © Schweizer Armee-ZEM)*

Abbildung 21: Saab Gripen E. *Die Schweiz beabsichtigt, 22 Stück zum Bruttopreis von 3,126 Milliarden Franken zu beschaffen. Nach Berücksichtigung der Steuerrückflüsse in die Kassen der öffentlichen Hand infolge von Offsetgeschäften dürfte der volkswirtschaftlich relevante Nettopreis dieser Investition erfahrungsgemäss bei circa 2,5 Milliarden Schweizerfranken zu liegen kommen. (Bild © Schweizer Armee-LW)*

Abbildung 22: Fliegerabwehrlenkwaffe Bloodhound. *Die Armee 61 umfasste auch radargesteuerte Langstrecken-Fliegerabwehrlenkwaffen Boden/Luft 64 Bloodhound. Damit konnte mit einer Reichweite von 160 km praktisch der gesamte schweizerische Luftraum bis in eine Höhe von 24,5 km abgedeckt werden. Die Schweiz besass 254 Lenkwaffensysteme. Diese Waffe wurde 1999 offiziell ausser Dienst gestellt und nicht ersetzt. Der Luftverteidigungsschirm ist bereits mit diesem Wegfall entscheidend geschwächt worden. (Bild Patrick Jordi/MHSZ)*

Abbildung 23: Fliegerabwehrkanone 35mm. *Die terrestrische Fliegerabwehr der Armee 61 (Boden-Luft-Verteidigung BODLUV, siehe Anhang 4) war eine der spezifisch kampfstärksten der Welt. Rückgrat war die radargesteuerte 35mm Flab Kanone 63/90, von der 168 Systeme vorhanden waren, die aber bis heute auf 24 reduziert wurden. Die Wirkdistanz ist 4000 m und damit ideal gegen Tiefflieger, Cruise Missiles oder Drohnen, also ideal gegen die Bekämpfung vertikaler Umfassungen. Geschütztechnisch ist die Fliegerabwehrkanone 35mm auch heute noch auf der Höhe der Zeit. (Bild Luftwaffe)*

Abbildung 24: Panzerabwehrlenkwaffe Dragon (PAL). *Die Panzerabwehrlenkwaffe Boden/Boden 77 Dragon war der starke Arm der Infanterie zur Abwehr sämtlicher gepanzerter Fahrzeuge. Maximale praktische Schussweite 1000 m. Die Systeme wurden in einer Nacht-und-Nebel-Aktion, am Bürger vorbei, ersatzlos entsorgt. (Bild © Schweizer Armee-ZEM)*

Abbildung 25: Panzergrenadiere im Einsatz. *Von den theoretisch noch «bestehenden» 23 Infanteriebataillonen können die meisten gar nicht mehr ausgerüstet werden. Die Zahlen des VBS widersprechen sich. Von Infanteriestärke, früher ein Markenzeichen der Schweizer Armee, kann keine Rede mehr sein. Fehlende Fahrzeuge, vor allem fehlende Schützenpanzer (Abbildung 18), und fehlender Schutz gegen Luftangriffe (Abbildung 23) haben diese Truppe im Einsatz limitiert. Verschiebungen können mangels zugeteilter Treibstoffkontingenten nicht mehr richtig geübt werden. (Bild Keystone/Martin Ruetschi)*

9. Die schweizerische Milizarmee: der moderne dritte Weg

Heinz Häsler, Franz Betschon[88]

Man kann sich täuschen oder auch nicht, aber im VBS stellt man langsam ein Umdenken in Sachen Miliz fest, offenbar, weil man bemerkte, dass die frühere schweizerische Milizarmee doch ein Erfolgsmodell erster Güte war. Vor noch nicht allzu langer Zeit konnte man aus dem VBS Meinungsäusserungen hören wie, die Miliz sei gerade noch «die strategische Reserve» (CdA), moderne Wehrtechnologie sei «nicht mehr miliztauglich» (BR Ueli Maurer) und eine Berufsarmee sei das Mass aller Dinge (SP, Luftwaffe). Sogar der diskriminierende und beleidigende Spruch «Lehrlinge bilden Lehrlinge aus» blieb teilweise unwidersprochen.

Höchstleistungen dank Milizprinzip

Doch inzwischen scheint mehr und mehr wieder die Einsicht zu greifen, dass mit dem Milizsystem eine Qualität zu erreichen ist, die ein Berufsheer niemals erbringen kann. Früher waren Instruktionsoffiziere stolz darauf, in Truppendiensten «Milizoffiziere» zu sein. Auch General Guisan war in diesem Sinne ein reiner Milizoffizier! Man hat sich gegenseitig zu Höchstleistungen animiert. Das Ausland bewunderte nicht die Schweizer Armee an sich, sondern das Milizprinzip.[89]

Ein Beteiligter erinnert sich:

---

[88] Siehe auch die Rede des ehemaligen Generalstabschefs Korpskommandant aD Heinz Häsler an der Generalversammlung der *Gruppe Giardino* vom 3. März 2012 in Bern, ebenso die Allgemeine Schweizerische Militärzeitschrift (ASMZ). Nr. 01/02/2011, S. 8

[89] Vgl. Generalmajor der Bundeswehr Millotat in: Betschon Franz & Geiger Louis. Erinnerungen an die Armee 61. Eine zeitgeschichtliche Dokumentation. Frauenfeld: Huber 2009, S. 317

«Anlässlich eines jährlichen Treffens aller in der Schweiz akkreditierten Verteidigungsattachés wurde die Panzertruppenschule Thun besucht. Die im ersten Drittel ihrer Dienstzeit stehenden Rekruten präsentierten das Geländefahren und unterkalibriertes Schiessen mit der Kanone des Panzers Leopard 2. Die Trefferquote betrug hundert Prozent!
Schon während der Vorführung bemerkte ein Attaché aus der Dritten Welt etwas spöttisch, da werde ihnen eine eingedrillte Elite junger Berufssoldaten präsentiert. Als die Rekruten versammelt wurden und der Zugführer die Angaben über ihren zivilen Beruf in gutem Englisch übersetzte, schien der Oberst in seiner Ansicht bestärkt zu sein. Beinahe zornig erklärte er, es sei vollkommen unmöglich, gesamthaft beruflich so gut ausgebildete Soldaten in einem einzigen Panzerzug zu haben und in wenigen Wochen Dienstzeit den gezeigten Ausbildungsstand zu erreichen. Aufgebracht bestieg er als erster den Bus für die Weiterfahrt und war nicht mehr ansprechbar.»

Durch die im Zuge des Aufbaues der Armee XXI erfolgte Auflösung aller Milizkommissionen, die früher auf Stufe der Waffenchefs, des Kommandanten der Flieger- und Fliegerabwehrtruppen und des Generalstabschefs ein jederzeit verfügbares und billiges Beratergremium bei Planung und schwierigen Entscheidungen darstellten,[90] haben sich die Armeeführung und das VBS selber enthauptet. Sie verloren kompetente Denker und jederzeit abrufbare Fachleute.[91] Teilweise wurden diese vom Bundesrat gewählten Experten nicht einmal informiert, dass ihr Gremium nicht mehr existierte.

---

90 Betschon Franz & Geiger Louis. Erinnerungen an die Armee 61. Eine zeitgeschichtliche Dokumentation. Frauenfeld: Huber 2009, S. 275ff.

91 Spillmann Kurt R. & Künzi Hans. Karl Schmid als strategischer Denker. Forschungsstelle für Sicherheitspolitik und Konfliktanalyse der ETH Zürich. Zürich 1997

Ausländische Beraterfirmen als Sicherheitsrisiko

Auch wenn inzwischen wieder eine Art Milizgremium zur Verfügung des Chefs VBS zusammengestellt wurde, so ist dessen nachhaltige Wirtschaftskompetenz nicht klar ersichtlich, und eine Ernennung durch den Gesamtbundesrat erfolgte ebenfalls nicht. Das genannte Gremium hat unlängst eine Studie zur Kosten-Nutzen-Situation der Armee erstellt, wobei wiederum eine externe Beratungsfirma (McKinsey) beigezogen wurde. In Erinnerung ist die öffentliche Vorstellung dieser Arbeit, wobei sich BR Maurer gemäss «Tagesschau» des Schweizer Fernsehens offensichtlich eher langweilte und klar feststellte, er habe diese Studie gar nicht bestellt.

Das VBS verlor im Nachgang zur Eliminierung der früheren Milizkommissionen unmittelbar anschliessend den Zugang zum technisch-wissenschaftlichen und industriellen Know-how der Schweizer Wirtschaft. Die ebenso unüberlegte Reaktion war es, dieses Know-how über Beraterfirmen wieder einkaufen zu wollen. Abgesehen davon, dass dies eine unerträglich hohe Summe Geldes jedes Jahr kostet – die Rede ist von Beträgen im dreistelligen Millionenbereich[92] –, sind die Resultate mehr als dürftig, und Fehlleistungen gehören seit einigen Jahren zum Alltag im VBS. Dabei hat noch niemand die Frage nach der Geheimhaltung und der Sicherheit dieser in alle Welt zerstreuten Daten gestellt, sind doch auch für sensitive Bereiche ausländische Beratungsunternehmen beigezogen worden. Die *Gruppe Giardino* hat seit langer Zeit auf das Sicherheitsrisiko VBS hingewiesen, dafür brauchte es gar nicht den nachrichtendienstlichen GAU, der zur Zeit der Drucklegung dieses Papiers zur Diskussion steht und, wie üblich, vom Chef VBS sogar noch in eine Siegesmeldung umgedeutet wird (Tout va bien madame la Marquise …).

---

92 Von Matt Othmar. Armee: Hunderte von Millionen für Informatik-Berater. Der Sonntag (Sonntagsausgabe der Aargauer Zeitung), 15.8.2010

Spitzenqualität, aber kostengünstig

Es muss in diesem Zusammenhang ein Sachverhalt angesprochen werden, der nicht in die heile Welt des schweizerischen Offizierskorps gehört. Milizoffiziere begannen im Laufe der Entwicklung der letzten Jahrzehnte für die «Instruktoren» zu lästigen Konkurrenten zu werden. Deshalb wollen diese heute auch nicht mehr so genannt werden, sondern «Berufsoffiziere». Das offenbar durch viele Auslandabkommandierungen lädierte Selbstbewusstsein muss der Grund dafür sein. Milizoffiziere sind in ihrem Beruf dauernd im Wettbewerb. Milizoffiziere bringen ihre Sprachkenntnisse, den Wettbewerbsgeist der freien Wirtschaft und ihre intellektuelle Ausbildung gratis in die Armee ein, wie die folgende Aufstellung belegt. So haben Angehörige der Miliz zum Beispiel:

- den Kampfpanzer Leopard 2 kostengünstig in Lizenz gebaut
- moderne Schiessverfahren für die Artillerie entwickelt
- Informationssysteme entwickelt, die seinerzeit vergleichbaren Produkten des Auslandes überlegen waren (Flinte, Eudona und andere)
- als reine Milizpanzerbesatzungen oder Fallschirmspringer an internationalen Militärwettbewerben sehr oft auf dem Podest gestanden
- als reine Milizpiloten Kampfflugzeuge der dritten Generation (Mirage, Tiger) geflogen (Professoren der Medizin, Bauern, Computerspezialisten, Ingenieure, Kantonsschullehrer und Vertreter weiterer Berufe sowie natürlich Linienpiloten flogen diese Waffensysteme auf demselben Niveau wie ihre Kameraden von der Berufsorganisation, dem damaligen Überwachungsgeschwader)
- als reine Milizoffiziere die gesamte Mobilmachungsorganisation getragen (sie haben der früheren Armee eine Einsatzbereitschaft beschert, die diejenige stehender Heere übertraf).

Diese Liste liesse sich beliebig verlängern.

Berufsarmeen unrühmlich gescheitert

Ausgerechnet zum Zeitpunkt, als vergleichbare Berufsarmeen auf den Schlachtfeldern dieser Welt unrühmliche Niederlagen einfuhren, ausgerechnet da begann die Schweiz über eine Berufsarmee nachzudenken. Es kann leicht nachgerechnet werden, dass eine Berufsarmee von 30 000 Mann allein schon Personalkosten von drei Milliarden Franken mit sich bringt, wenn die Sozialkosten mit eingerechnet werden. Investitionen sind dann noch nicht finanziert, und Fragen, wie etwa die, wie solche Wehrmänner in späterem Alter wieder in die Zivilgesellschaft integriert werden können, sind nicht beantwortet. Dieser «Söldnerhaufen» wäre kleiner als die Zuschauerzahl bei einem Fussballmatch im Berner «Stade de Suisse». Man dachte aber nicht nur darüber nach, ob die bewährte Milizarmee in eine Berufsarmee umgewandelt werden sollte, sondern man stellte einige Weichen unüberlegt bereits in diese Richtung.

Eine soziologische Meisterleistung

Wertvolle Strukturen wurden geopfert. Die regionale Verankerung, der über Generationen währende Korpsgeist, der nicht nur politisch von Bedeutung war, wurde aufgegeben. Es gibt Formationen, die noch Jahrzehnte nach ihrer Auflösung Kameradschaftstreffen durchführen. Das war nicht nur einfach Nostalgie, sondern eine soziologische Meisterleistung.

Durch seine langjährige Dienstpflicht fühlte sich auch der aus der Wehrpflicht Entlassene zeitlebens mit der Milizarmee verbunden. Er hatte nicht einfach in der Armee gedient, sondern in *seiner* Füsilierkompanie III/33 oder in *seiner* Fliegerkompanie 20. So kam es denn, dass am selben Familientisch drei Generationen von Wehrmännern sassen: Der Grossvater aD, der noch aktive Vater und die bereits aktiven Söhne.

Die GSoA hatte natürlich erkannt, dass diese Sozialstrukturen zerschlagen werden mussten, um anschliessend leichteres Spiel bei der Zerschlagung der Armee zu haben.

So konnte es in der Folge nicht sein, dass bei der Planung der Armee XXI die Planer der damals existierenden Armee 95 einfach einen neuen Planungsauftrag erhielten. Sie standen im Geruch, unzuverlässig und unbrauchbar «für die neue Zeit» zu sein. Frisches Blut, Neulinge und Beraterfirmen mussten her, damit auch wirklich «kein Stein auf dem anderen bliebe» (Aussage eines damaligen höheren Stabsoffiziers). Wie wörtlich diese Zielsetzung genommen wurde, hat seither selbst manchen Verantwortlichen erschreckt.

Lob von unerwarteter Seite

Am 16. September 2012 wies das Mitglied der *Gruppe Giardino* Gotthard Frick auf folgenden Sachverhalt hin:

Am 1. September 1942 gab der Generalstab des deutschen Heeres ein für die «Truppen im Felde» bestimmtes «Kleines Orientierungsheft Schweiz» heraus. Darin stand:

«Das schweizerische Milizsystem ermöglicht eine vollständige Erfassung der Wehrfähigen unter verhältnismässig geringen Kosten. Es erhält den im schweizerischen Volk seit je regen militärischen Geist und gestattet die Aufstellung eines für das kleine Land sehr starken und zweckmässig organisierten schnell verwendungsfähigen Kriegsheeres. Der Schweizer Soldat zeichnet sich durch Heimatliebe, Härte und Zähigkeit aus.»

Gotthard Fricks Kommentar dazu lautet:

«Das gilt leider heute nicht mehr für meine Partei, die SPS, die schon vorausschauend vor künftigen Bedrohungen kapituliert hat, wie 1940 all die von linken Parteien geführten europäischen Länder schon vor dem deutschen Angriff innerlich kapituliert hatten. Ihre Völker zahlten dafür einen hohen Preis.»[93]

---

[93] *www.gruppe-giardino.ch*

10. Aufträge der Armee

Willy Schlachter, Hermann Suter

10.1 Lagebeurteilung

Seit dem Fall der Berliner Mauer im Jahre 1989 ist die schweizerische Sicherheits- und Armeepolitik aus dem Tritt geraten. Wie erwähnt haben die Landesregierung und das Gros der eidgenössischen Räte der Armee in den vergangenen zwei Jahrzehnten enorme finanzielle und materielle Mittel entzogen und alle diesbezüglichen Forderungen und Warnungen der Armeeleitung, der zahlreichen Milizorganisationen und besorgter Bürgerinnen und Bürger in den Wind geschlagen. Die Schweizer Armee ist inzwischen dermassen geschwächt, dass sie die von der Bundesverfassung verlangte Sicherheit von Land und Volk nach aussen und innen nicht mehr gewährleisten kann. Die Maxime der «Bewaffneten Neutralität» hat ihre Glaubwürdigkeit ebenso verloren, wie der Begriff der Dissuasion (Abschreckung zur Kriegsverhinderung) zur Farce geworden ist.

Wunsch darf nicht Vater des Gedankens sein

Die Militärgeschichte der Schweiz hat seit der Gründung des Bundesstaates im Jahre 1848 keinen massiveren Zerstörungsprozess gegenüber der Landesverteidigung gesehen als jenen der vergangenen zwanzig Jahre. Die verantwortlichen Politiker – die Landesregierung und das Gros der eidgenössischen Räte – begründen ihr Verhalten mit dem Hinweis, dass das Szenario «Krieg» in weite Ferne gerückt sei und im Falle eines Falles genügend Zeit bestünde, die Defizite innert nützlicher «Aufwuchs-Frist» aufheben zu können. Hier ist der Wunsch der Vater des Gedankens.

Die *Gruppe Giardino* fordert einen radikalen Bewusstseinswandel zugunsten der Landesverteidigung und eine klare Prioritätensetzung zugunsten einer glaubwürdigen und kampfstarken Milizarmee. Von Parlament und Bundesrat muss neuer Realitätssinn verlangt werden.

Integrale Betrachtungsweise

Für die Aufrechterhaltung der Sicherheit unseres Landes sind neben der Armee als dem wichtigsten strategischen Machtmittel eine Reihe von Organen auf den Ebenen Bund, Kantone, Gemeinden vorhanden: Polizei, Feuerwehr, Zivilschutz, Sanität, Katastrophenschutz im In- und Ausland, Nachrichtendienst. Sicherheitspolitik, wenn sie dem Anspruch gerecht werden will, muss ganzheitlich angegangen werden,[94] was im Sicherheitspolitischen Bericht 2010 auch versucht wird. Die nachfolgenden Ausführungen befassen sich jedoch – gemäss dem Titel dieses Kapitels – ausschliesslich mit der Armee.

Einigkeit betreffend Einsatzdoktrin bis 1989

Zur Zeit des Kalten Krieges bis zum Fall der Berliner Mauer beziehungsweise bis zum Zusammenbruch der Sowjetunion und des Warschauer Paktes war die (kriegerische) Bedrohung eindeutig identifizierbar und auch der Bevölkerung bewusst. Die Armee war darauf ausgerichtet und hatte einen klar definierten Auftrag und eine adäquate Einsatzdoktrin. Ihre Legitimation war in der grossen Mehrheit der Schweizer Bevölkerung unbestritten. Heute versuchen unsere Medien den Eindruck zu erwecken, als ob das nicht mehr der Fall sei. Eine längere Friedenszeit in Europa sowie drastische Veränderungen der Bedrohungsbilder haben dazu geführt, dass über den Auftrag unserer Armee und deren Einsatzdoktrin viel Verwirrung geschaffen wurde. Das gehört korrigiert. Es geht im folgenden darum aufzuzeigen, wie der derzeitige Armeeauftrag aus verschiedenen Blickwinkeln verstanden wird.

---

94 Vgl. dazu auch Kapitel 4

10.2 Armeeaufträge laut Verfassung

In der Bundesverfassung und den gültigen gesetzlichen Grundlagen sind für die Armee folgende drei Hauptaufgaben umschrieben:

Landesverteidigung ist wichtigste Armeeaufgabe

Die Landesverteidigung ist gemäss Bundesverfassung und Militärgesetz die wichtigste Aufgabe der Armee. Die Armee ist das stärkste und gleichzeitig letzte Mittel, welches der Staat zum Schutz seiner Bevölkerung und zur Behauptung seines Territoriums, das heisst letztlich zur Wahrung der Souveränität, einsetzen kann.

Kriegsverhinderung und Beitrag zur Friedenserhaltung

Kriegsverhindernd wirkt die Armee allein schon durch ihre Präsenz. Früher hat man dafür den Begriff Dissuasion geprägt, das heisst ein potentieller Gegner sollte durch eine glaubwürdige Verteidigungsbereitschaft von einem Angriff abgehalten werden. Dieser Begriff ist bei den Armeereformen in den letzten Jahren weitgehend abhanden gekommen. Einen Beitrag zur Friedenssicherung leistet die Armee bei Auslandeinsätzen, nach unserem Neutralitätsverständnis im Sinne des «Peace keeping» aufgrund eines Uno- oder OSZE-Mandats.

Unterstützung der zivilen Behörden bei ausserordentlichen Ereignissen

Der Bund setzt auf Begehren der Kantone, wenn deren Mittel nicht mehr ausreichen, die Armee zur Hilfestellung ein, sei dies zum Beispiel bei Natur- und zivilisationsbedingten Katastrophen oder inneren Unruhen und ähnlichen gravierenden Ereignissen wie etwa Terroranschlägen.

Unzulässige Schwerpunktverschiebung

Heute bestehen in der Politik Kontroversen bezüglich Gewichtung und Prioritätensetzung dieser drei Aufträge. Im Sicherheitspolitischen Bericht 2010 wurde nicht nur die These aufgestellt, dass eine militärische Bedrohung in der nächsten Zukunft höchst unwahrscheinlich sei, sondern es wurde auch davon ausgegangen, dass vor allem Natur- und zivilisationsbedingte Katastrophen zunehmen würden. Im Armeebericht (Herbst 2010) und den beiden Zusatzberichten (Frühjahr 2011) werden diese unbewiesenen Thesen telquel übernommen und fortgeschrieben. Fakt ist, dass die Landesregierung und die eidgenössischen Räte Artikel 58 der Bundesverfassung in unzulässiger Weise neu interpretieren.

Die Schwerpunktverlagerung zugunsten der Unterstützung der zivilen Behörden geht weiter, die militärische Friedensförderung wird verstärkt, und der Verteidigungsauftrag wird in die dritte und letzte Priorität zurückversetzt. Damit wird der einschlägige Bundesverfassungsartikel 58 verletzt, wie dies aus den beiden staatsrechtlichen Gutachten zu Handen des VBS der Professoren Rainer Schweizer, Universität St. Gallen (2010), und Dietrich Schindler, Universität Zürich (1999), klar hervorgeht.[95]

10.3 Verfassungsbruch auf höchster Ebene

Im Rahmen einer geheimen Klausur des Bundesrats, welche am 26. November 2008 unter der Leitung von Bundespräsident Pascal Couchepin (FDP) im Von-Wattenwyl-Haus in Bern stattfand, wurden nicht nur die generellen Eckwerte für den neuen sicherheitspolitischen Bericht definiert, sondern dort wurde gleichzeitig dem VBS der «Befehl» zur Vernichtung gewaltiger Mengen von Armeematerial erteilt. Die von der Landesregierung an Volk und Parlament vorbei formulierten sicherheitspolitischen «Leitlinien» dienten im Rahmen der

---

95 Siehe Küchler Simon. Miliz und Verteidigung – verfassungsrechtlich beurteilt. In: Pro Militia. Nr. 04/2010, 22.11.2010

«Von-Wattenwyl-Gespräche» vom 7. Mai 2010 als zentrale Beschlussfassungsgrundlage gegenüber den dort versammelten Bundesratsparteien. Unter dem Titel «Ausgangslage und Stossrichtung» legte das in dieser Frage federführende VBS dar:

> *«Die Kernlegitimation ist nicht die Befähigung zur Kriegsführung, sondern zur Erbringung relevanter Beiträge zur Sicherheit der Schweiz im Rahmen des Verbundes aller sicherheitspolitischen Instrumente [...]. Die Armee richtet sich auf die Bewältigung der wahrscheinlichen Einsätze aus und passt Bereitschaftssystem, Ausbildung, Struktur und Materialausstattung an [...]. Damit die materielle Erneuerung finanziert werden kann, muss der Aufwand für die Ausbildung der Abwehr eines militärischen Angriffs in bezug auf Menge des Materials, Ausbildungsinfrastruktur und Personal auf das tiefstmögliche Niveau gesenkt werden [...]. Neue didaktische Ansätze sind nötig, nicht aber eine umfangreiche Materialausstattung [...]. Es muss eine verstärkte Leistungserbringung im Rahmen des Sicherheitsverbundes Schweiz, der Unterstützung des EDA im Bereich der humanitären Hilfe im Ausland sowie der Friedensförderung möglich sein.»*[96]

10.4 Willkürliche Umdeutung

Im Auftrage des VBS beziehungsweise der Armeeleitung hat das zuständige Projektteam den Gesamtbericht «Weiterentwicklung der Armee» (WEA) per 31. August 2012 fertiggestellt und zuhanden des Chefs der Armee abgeliefert. Der Bericht wurde auf der Basis des Parlamentsbeschlusses vom September 2011 (100 000 AdA [siehe oben] und fünf Milliarden Franken pro Jahr) erstellt. Unter dem Titel «Allgemeine Grundsätze» wird darin unter anderem festgehalten:

> *«Ein militärischer Angriff auf die Schweiz ist aus heutiger Sicht mittelfristig unwahrscheinlich. Deshalb ist es nicht nötig, die gesamte Armee auf die Abwehr eines militärischen Angriffs*

---

96 VBS, Bern, 26. April 2010; Weltwoche, 5.5.2010; Neue Zürcher Zeitung, 7.5.2010: Wirbel um neues Armeepapier – Befähigung zur Kriegführung nicht mehr Kernlegitimation

auszurichten und in einer entsprechend hohen Bereitschaft zu halten. Die Verteidigung bleibt jedoch die Kernaufgabe der Armee. Deshalb ist es unabdingbar, die Verteidigungskompetenz («savoir-faire») zu erhalten und stetig an die Erfordernisse des Umfeldes anzupassen, und zwar qualitativ angemessen, aber quantitativ begrenzt. Die Reduktion der Verteidigungsfähigkeit auf den Erhalt und die Weiterentwicklung dieser Kompetenz entspricht den geltenden sicherheitspolitischen Vorgaben […]. Die Verteidigungskompetenz ist etwas Dynamisches, das sich nicht heute ein für allemal festlegen lässt. Dies hängt vor allem mit der unscharfen Bedrohung und der stetigen Weiterentwicklung ausländischer Fähigkeiten zusammen […]. Erst wenn sich die unscharfe Bedrohung konkretisieren würde, müsste die Bereitschaft zur Abwehr eines militärischen Angriffs wieder erhöht werden.»[97]

Zweifelhafte Vorgaben ungeprüft übernommen

Die Armeeleitung beziehungsweise die WEA-Projektleitung basiert damit hundertprozentig auf den oben erwähnten «Von-Wattenwyl»-Vorgaben. Unterdessen wurden nicht nur Material- und Munitionswerte im zweistelligen Milliardenbereich, sondern auch sämtliche Geländeverstärkungen, Sprengobjekte, geschützte Infrastrukturen und weitere wertvolle militärische Einrichtungen liquidiert und vernichtet (vgl. auch Kapitel 8). Das elektronische Führungsinformationssystem FIS Heer (für welches bisher über 700 Millionen Franken ausgegeben wurden!) hat für Kampftruppen (so es solche überhaupt noch gibt) nie wirklich funktioniert und kann in der nächsten Zukunft höchstens stationär, teilmobil, nicht aber voll mobil eingesetzt werden.[98]

---

97 WEA, Gesamtbericht 27.7.12, Ziff. 2.1

98 Vgl. dazu den Bericht VBS zuhanden der Sicherheitspolitischen Kommissionen vom 31.7.2012 sowie Allgemeine Schweizerische Militärzeitschrift (ASMZ). Nr. 01/02/2013, S. 22–24

Unterstützung der zivilen Behörden …

Zur Armeeaufgabe «Unterstützung der zivilen Behörden» stellt der WEA-Gesamtbericht fest:

> *«Im Zusammenhang mit der Armeeaufgabe Unterstützung der zivilen Behörden stehen für die Armee die direkten Bedrohungen und Gefahren, Natur-, Technik- und gesellschaftsbedingte Katastrophen und Notlagen, Terrorismus sowie Auswirkungen auf die Schweiz aus bewaffneten Konflikten ausserhalb oder an der Peripherie Europas im Vordergrund. Die Auswirkungen davon sind nicht militärischer Art; ihre Bewältigung kann jedoch den Einsatz der Armee erfordern […]. Den Natur- und zivilisationsbedingten Katastrophen und Notlagen kommt eine besondere Bedeutung zu. Es ist damit zu rechnen, dass Naturkatastrophen an Häufigkeit und Stärke zunehmen, auch in der Schweiz, die Auswirkungen voraussichtlich aber lokal oder regional begrenzt bleiben werden.»*

Und folgert richtigerweise daraus:

> *«Die Unterstützung der zivilen Behörden wird auf absehbare Zeit im Zentrum der armeeseitigen Leistungserbringung stehen. Die Möglichkeit, dass Ereignisse wie etwa grosse Naturkatastrophen oder Terroranschläge überraschend und ohne Vorwarnzeit eintreten können, zwingt die Armee dazu, die notwendigen Leistungen aus dem Stand oder innert weniger Tage zu erbringen. Dabei geht es zum einen darum, Beiträge zur Bewältigung ausserordentlicher Lagen im In- und Ausland sowie im Falle von Ereignissen von nationalem, öffentlichem Interesse zu leisten. Zum anderen unterstützt die Armee zivile Sicherheitsorgane bei der Prävention und Abwehr von Bedrohungen der inneren Sicherheit. Die Unterstützungsbeiträge erfolgen subsidiär auf Ersuchen und unter Einsatzverantwortung der zivilen Behörden. Die Truppe nimmt zeitlich begrenzt jene Aufgaben im öffentlichen Interesse wahr, die durch die zivilen Behörden in personeller, materieller oder zeitlicher Hinsicht nicht oder nicht mehr bewältigt werden können (Subsidiaritätsprinzip).»*[99]

---

[99] WEA, Gesamtbericht 27.7.2012, Ziff. 2.2

… nicht mehr gewährleistet

Um alsdann unter dem Stichwort «Bereitschaft» die für eine glaubwürdige Bereitschaft – heute aber in keiner Weise vorhandenen – erforderlichen Rahmenbedingungen festzuhalten:

> *«Eine kleinere Armee mit einem Sollbestand von 100 000 Angehörigen kann nicht mehr sämtliche allenfalls überraschend eintretenden Ereignisse, Risiken und Gefahren, wie sie im Sicherheitspolitischen Bericht 2010 und im Armeebericht 2010 aufgezeigt wurden, abdecken. Nur wenn die Armee schnell die benötigten Mittel zur Unterstützung der zivilen Behörden zur Verfügung stellen kann, funktioniert das Leistungsprofil. Weil nicht dauernd genügend Formationen im Dienst sind, ist die Konsequenz die Einführung eines neuen Bereitschaftssystems mit der Möglichkeit, Kräfte aus dem Stand aufzubieten. Nur so kann im Bedarfsfall die notwendige Wirkung mit bis zu maximal 35 000 AdA (Angehörigen der Armee) direkt zugunsten der zivilen Behörden innert zwei Wochen bereitgestellt werden […]. Die Erstellung der Einsatzbereitschaft für 35 000 AdA ist logistisch aus heutiger Sicht machbar, sofern die Rahmenbedingungen Immobilien, Material, Personal und Finanzen gegenüber dem Planungsstand Mai 2012 keine einschneidenden Änderungen mehr erfahren.»*[100]

International anerkannte Friedensförderung

Zur militärischen Friedensförderung hält die Armeeleitung fest:

> *«Militärische Friedensförderung ist als Armeeaufgabe im Militärgesetz festgeschrieben und über den Sicherheitspolitischen Bericht 2010 und den Armeebericht hinsichtlich ihrer quantitativen und qualitativen Weiterentwicklung politisch wie militärstrategisch bestimmt. Sie umfasst Beiträge der Armee zu Massnahmen der internationalen Staatengemeinschaft mit dem Ziel der Konfliktprävention und Krisenbewältigung. Dabei kann sich die Schweiz an*

---

[100] WEA, Gesamtbericht 27.7.2012, Ziff. 2.4., 6.2.5, 6.3.2 und 6.3.5

solchen Friedensförderungsmissionen nur dann beteiligen, wenn ein Mandat der Uno oder der OSZE vorliegt. Die Teilnahme an Kampfhandlungen zur Friedenserzwingung (international: peace enforcement) ist ausgeschlossen [...]. Der Einsatz erfolgt stets auf freiwilliger Basis von Angehörigen der Armee, die eigens dafür ausgebildet sind. Die Entscheidung über Art, Dauer und Rahmen eines Beitrages wird auf politischer Ebene durch die zuständige Behörde (Parlament oder Bundesrat) entschieden.»[101]

Dieser Definition stimmt die *Gruppe Giardino* zu. Das diesbezügliche Engagement der Schweiz wird international anerkannt und geschätzt. Uno und OSZE würden eine Erhöhung schweizerischer Beiträge zur internationalen Friedensförderung begrüssen. Gemäss WEA (Weiterentwicklung der Armee) wird von einem Kontingent von maximal 1 000 AdA ausgegangen. Die *Gruppe Giardino* unterstützt dieses Engagement.

Wahrscheinlichste oder gefährlichste Bedrohung?

Die Armeeleitung muss sich die Frage gefallen lassen, ob sie bei ihrer derzeitigen Lageanalyse schwergewichtig von der ihrer Meinung nach «wahrscheinlichsten» und nicht auch von der «gefährlichsten» Bedrohung ausgeht. Selbst wenn es zuträfe, dass ein offener Krieg nicht mehr als Kampf der verbundenen Waffen und als Krieg der Panzerarmeen geführt würde, kommen moderne Bedrohungen im Gewande des «neuen Kalten Krieges» (der notabene längst begonnen hat!) daher.

Zu denken ist dabei an Versuche fremder Staaten, uns ihr Rechtssystem aufzuzwingen, unser Nationalbankgold zu konfiszieren, Transporte zu Lande und in der Luft zugunsten unserer Wirtschaft zu verhindern. Zu denken ist auch an die Besetzung und/oder Zerstörung von Verkehrsträgern

---

101 Doktrin militärische Friedensförderung und internationale Sicherheitskooperation, 14.12.2011, Ziff. 2

wie Neat oder Autobahn- und Eisenbahnknotenpunkten, an die Erpressung von Geldzahlungen, Waren-, Energie- oder Wasserlieferungen, an die Zerstörung unserer Wasserreserven oder Stauwerke, an die Zerstörung und/oder Besetzung unserer Wasser- und/oder Kernkraftwerke, Industrieanlagen oder Kommunikationsknotenpunkte, an Migrationsströme oder Cyberwar. Kaum die Rede ist in den einschlägigen WEA-Konzepten des Bereiches Verteidigung von «Smart Tech statt Hightech» beziehungsweise von den «Überlegungen zu einer asymmetrischen Wehrtechnologiestrategie».[102]

Sicherheit von Land und Volk gefährdet

Für alle diese möglichen Szenarien sind natürlich auch das Eidgenössische Finanzdepartement (EFD), das Eidgenössisches Departement des Äusseren (EDA) und das Eidgenössisches Verkehrs- und Energiedepartement (EVED) gefordert. In jedem Falle aber muss die Armee reflexartig reagieren können. Stattdessen geht die Armeeleitung (das VBS) willkürlich davon aus, dass ein militärischer Angriff auf die Schweiz aus heutiger Sicht mittelfristig unwahrscheinlich sei, weshalb der verfassungsmässige Auftrag «Verteidigung» angeblich auf die Weiterentwicklung der reinen Verteidigungskompetenz («savoir-faire») reduziert werden könne:

> *«Erst wenn sich die unscharfe Bedrohung konkretisieren würde, müsste die Bereitschaft zur Abwehr eines militärischen Angriffs wieder erhöht werden.»*

Die Armeeleitung hat sich dementsprechend nicht nur von den «gefährlichsten Feindmöglichkeiten» verabschiedet, sondern ist im Begriffe, der Armee die reflexartige Bereitschaft im militärischen Bereich zu entziehen.

Für die *Gruppe Giardino* ist und bleibt eine solche Sicht der

---

[102] Betschon Franz. Smart Tech statt Hightech. Überlegungen zu einer asymmetrischen Wehrtechnologiestrategie. In: blog.ggstof.ch/ Blog der Gesellschaft der Generalstabsoffiziere (fraktioniert), 20.10.2012

Dinge verfassungswidrig und damit inakzeptabel. Die Sicherheit von Land und Volk wird damit grobfahrlässig aufs Spiel gesetzt![103]

10.5 Die Rolle der Politik

Angesichts der Tatsache, dass die Landesregierung und die Mehrheit der eidgenössischen Räte die finanziellen und materiellen Möglichkeiten der Armee in den vergangenen 20 Jahren immer mehr eingeschränkt haben (1990 lag der Anteil des Bundesbudgets zugunsten der Armeeaufgaben bei 1,7%, 2010/2011 bei 0,8% des Bruttoinlandproduktes, was europaweit der tiefste Prozentsatz ist!) und weiter einschränken wollen (Bundesratsbeschluss vom 29. April 2012 gegen den Willen von zwei Dritteln der eidgenössischen Räte), kann davon ausgegangen werden, dass die Mehrheit von Bundesrat und eidgenössischen Räten mit der Interpretation des Armeeauftrages, wie ihn die Armeeleitung gemäss den «Von-Wattenwyl-Gesprächen» vornimmt, mehrheitlich einverstanden war und ist. Wie erwähnt, wurden alle diesbezüglich vorgetragenen Warnungen – etwa von seiten der Schweizerischen Offiziersgesellschaft, des Schweizerischen Unteroffiziersverbandes, von Pro Militia und der *Gruppe Giardino* – ignoriert oder übergangen!

Unkritisches Durchwinken im Parlament

Die verfassungswidrige Änderung der Prioritäten – nämlich die Zurücksetzung der Verteidigungsfähigkeit auf eine rein theoretische «Verteidigungskompetenz», während die blosse «Unterstützung der zivilen Behörden» durch die Armee willkürlich in die erste Priorität erhoben wurde – scheint der nicht realitätsgerechten Vorstellung der Mehrheit der Landesregierung einerseits und der Mehrheit der eidgenössischen Räte

[103] Vgl. dazu auch: Schaub Rudolf P., Dr. iur. Rechtsanwalt. Wider die Verfassung. In: Schweizer Soldat. Nr. 01/2013

andererseits zu entsprechen. Zwischen Bundesrat und Parlament bestehen unterschiedliche Auffassungen nur noch bezüglich der Armeebestände und der jährlich bereitzustellenden Gesamtsumme für das Armeebudget. Welches könnten die Gründe für dieses katastrophale Fehlverhalten sein?

Falsche Weichenstellungen im VBS

Die *Gruppe Giardino* denkt dabei unter anderem an falsche Weichenstellungen durch die Führungsinstanzen im VBS, fehlende militärwissenschaftliche Kenntnisse vieler Beteiligter, Desinteresse der politisch verantwortlichen Instanzen, fehlendes Vertrauen der Politiker in das VBS, verlorengegangene Kenntnisse bei der Abwicklung von Grossprojekten und – last but not least – eine völlig unrealistische Einschätzung der gegenwärtigen Entwicklung in Europa und der Welt.

Ein diesbezüglicher Gesinnungswandel – trotz der weltweit täglich steigenden Konfliktgefahren! – ist bis jetzt weder bei der Landesregierung noch beim Gros der eidgenössischen Räte erkennbar.

10.6 Was ist der Volkswille?

Ein erster Indikator, um die Einstellung der Bevölkerung in Armeefragen zu ermitteln, ist das Ergebnis der jährlichen Meinungsumfragen der ETH Zürich zu sicherheits- und verteidigungspolitischen Trends.[104] Nach den – zur Zeit der Drucklegung dieses Buches – neuesten, im Januar/Februar 2012 durchgeführten Umfragen der ETH

- wollen 80% der Befragten, dass die Schweiz wirtschaftlich und politisch unabhängig bleibt
- fühlen sich 90% in der heutigen Zeit sicher
- befürworten 95% die Aufrechterhaltung der Neutralität, namentlich in bezug auf das Verhalten bei militärischen Konflikten

[104] Sicherheit 2012. Aussen-, sicherheitspolitische- und verteidigungspolitische Meinungsbildung im Trend, ETH und MILAK Zürich 2012

- wollen 44% die Ausgaben für die Armee verringern, während 46% sie auf dem heutigen Niveau belassen und nur 7% sie erhöhen wollen
- wollen 48% die Wehrpflicht aufheben
- wollen 52% an der Milizarmee festhalten, während 43% lieber eine Berufsarmee hätten
- finden nur 8%, dass in den nächsten zehn Jahren eine Kriegsbedrohung durch einen anderen Staat wahrscheinlich ist
- erachten 75% die Armee weiterhin als «unbedingt/eher notwendig», was etwas weniger ist als bei der Umfrage von 2011 mit 79%.

Bevölkerungsmehrheit steht hinter Armee

Das sind die Zahlen von vor einem Jahr. Es ist davon auszugehen, dass die weitere Entwicklung in Europa und im Nahen Osten einem zunehmend grossen Teil der Bevölkerung die Augen weiter öffnen wird. Bei aller Vorsicht bei der Interpretation solcher Umfrageergebnisse – und eingedenk der zahlreichen «Spins» (Manipulationstricks), Desinformationen und schlingernden Argumentationen auf Bundesebene – lässt sich doch sagen, dass die Schweizer Bevölkerung nach wie vor hinter der Armee steht. Sie erlebt, dass beispielsweise bei Naturkatastrophen, Waldbränden oder bei der Bewachung des WEF die Armee präsent ist und ihre Aufgabe erfüllt. Bei Veranstaltungen der Armee wie Besuchstagen, Vorbeimärschen oder Armeetagen zeigt sich die Bevölkerung nach wie vor in hohem Masse interessiert.

Zustand der Armee kaum bekannt

Weniger klar dürfte die Einschätzung der wirklichen Leistungsfähigkeit der Armee sein. Ist beispielsweise allgemein bekannt, dass

- im Notfall die Armee nicht mehr mobilisiert werden kann?

- Artikel 58 der Bundesverfassung («die Armee verteidigt das Land») durch die heutige Armee nicht mehr erfüllt werden kann (auch wenn sogar der Bundesrat bequemerweise das Gegenteil behauptet)?
- unsere Armee von der Politik noch keinen klaren Auftrag erhalten hat und demzufolge auch keine Einsatzdoktrin vorliegen kann?
- nur zwei Brigaden (von sieben) vollständig mit Material ausgerüstet werden können?
- die ehemaligen Regimenter zum Schutz der Flughäfen Zürich und Genf nicht mehr existieren?
- die zahlreichen Geländeverstärkungen (Hindernisse) und Sprengobjekte vollständig liquidiert sind?
- die Armee in den letzten Jahren Material und Munition im zweistelligen Milliardenbereich vernichtet hat?
- viele Immobilien der Armee wegen mangelnden Unterhalts beziehungsweise fehlender Geldmittel regelrecht «verlottern»?
- das sogenannte FIS Heer (elektronisches Führungsinformationssystem des Heeres) höchstens stationär, sicher aber nicht mobil funktioniert und für dieses System bis jetzt rund 750 Millionen Franken ausgegeben beziehungsweise in den Sand gesetzt wurden?
- viele weitere Informatikprojekte bei Kosten in Milliardenhöhe nicht funktionieren?

Man geht im Volk wohl vielmehr davon aus, dass die Armee «da» ist, wenn man sie braucht. Über solche Fragen gab es bis heute keine verlässlichen Umfragen. An dieser Stelle muss es mit der groben Einschätzung sein Bewenden haben, dass sich weite Kreise in der Bevölkerung über die Realität noch nicht im klaren sind!

Umfrage der Gruppe Giardino

Ein zweiter Indikator, um die Meinung der Bevölkerung zu ermitteln, ist die repräsentative Umfrage, welche die *Gruppe Giardino* vom 17.–19. September 2012 von Demoscope durchführen liess. Sie erfolgte in Form von Telefoninterviews bei 1002 Personen, davon 653 in der Deutschschweiz und 349 in der Westschweiz. Die Antworten werden nachfolgend zusammengefasst:

> ***Frage 1:** «Soll die Schweiz weiterhin eine sogenannte Milizarmee haben, in der grundsätzlich alle Schweizer Männer Dienst leisten müssen, soll sie eine Berufsarmee erhalten oder soll die Armee in der Schweiz ganz abgeschafft werden?»*
> *Antworten: Insgesamt 50% der Befragten waren weiterhin für eine Milizarmee (54% in der Deutschschweiz, 39% in der Westschweiz), 28% befürworteten eine Berufsarmee (24% in der Deutschschweiz, 38% in der Westschweiz), während 17% die Armee abschaffen wollten (je 17% in beiden Sprachregionen).*
> *Die Milizarmee erhielt umso mehr Unterstützung, je älter die Befragten waren: 55 Jahre und älter: 57%, 35–54 Jahre: 51%, 15–34 Jahre: 42%.*
> *Die Berufsarmee wurde vermehrt von den Jüngeren bevorzugt: 15–34 Jahre: 37%, 35–54 Jahre: 25%, 55 Jahre und älter: 22%.*
> *Für die Abschaffung der Armee waren die Unterschiede zwischen den Altersgruppen relativ gering: Kohorte 55+: 15%, Kohorte 35–54: 19%.*
> ***Frage 2:** «Ist die Schweizer Armee in der Lage, einen Angriff auf die Schweiz durch einen anderen Staat abzuwehren?»*
> *Die Antwort «Ja» gaben insgesamt 33%, «Nein»: 53%, «weiss nicht/keine Angabe/Antwort verweigert»: 14%.*
> ***Frage 3:** «Ist die Schweizer Armee in der Lage, grössere terroristische Angriffe auf sensible Objekte, wie zum Beispiel Stauseen oder Flughäfen, abzuwehren?»*
> *Die Antwort «Ja» geben insgesamt 57%, «Nein»: 32%, «weiss nicht/keine Angabe/Antwort verweigert»: 11%.*

Als dritter Indikator für die Einstellung der Bevölkerung sei auf die Beantwortung der «Frage der Woche» der Zeitung «Der Sonntag» vom 14. Oktober 2012 verwiesen. Die Frage lautete: «Ist die Schweizer Armee für den Ernstfall bereit?» Nur 33% der «Sonntag»-Leser waren der Meinung, dass unsere Armee für den Ernstfall bereit ist, 67% antworteten mit Nein. Dieses Ergebnis stimmt im wesentlichen mit der Antwort auf die Frage 2 unsere Demoscope-Umfrage überein.

Interpretation der Ergebnisse

Bei aller Vorsicht bei der Interpretation von Umfragen sind die Schlussfolgerungen aus Sicht der *Gruppe Giardino* folgende:

Eine deutliche Mehrheit ist nach wie vor der Ansicht, dass die Schweiz eine Armee braucht. Die zahlreichen Negativmeldungen in den Medien im Zuge der rasch aufeinander folgenden Armeereformen haben jedoch Spuren hinterlassen. Die damit verbundenen Anpassungsprobleme nahmen und nehmen auch unsere Soldaten in den Wiederholungskursen wahr.

Was die Armee kann und was nicht, wird unterschiedlich beurteilt. Die Bevölkerung scheint weder über den wahren Zustand der Armee noch über das aktuelle Bedrohungsbild ausreichend informiert zu sein. Abgesehen von Problemen im Asylwesen sind Sicherheitsfragen in den Medien zweitrangig.

Angesichts des Bedrohungsbildes ist die Sensibilisierung der Bevölkerung für Sicherheitsfragen ein wichtiges Anliegen. Vor allem müssen Desinformation und das systematische Lächerlichmachen von Sicherheitsfragen durch unsere Medien ein Ende finden. Ebenso gilt es, die Vorzüge des in unserem Lande tief verwurzelten Milizprinzips ins Bewusstsein zu rücken, namentlich bei der jungen Generation.

Stimmen aus dem Ausland

Ein hoher Berufsoffizier sagte kürzlich wörtlich: «Im Ausland wird die heutige Schweizer Armee nur noch als Reserve-Reserve-Armee wahrgenommen.» Konsens herrscht in hohen schweizerischen Militärkreisen darüber, dass die «Dissuasion» (Abschreckung beziehungsweise «Strategie des hohen Eintrittspreises») mit dem gescheiterten Projekt der Armee XXI definitiv verschwunden ist.

10.7 Fazit

- Bei der Umsetzung des Armeeauftrages geht man zur Zeit fälschlicherweise von der wahrscheinlichsten und nicht von der gefährlichsten Bedrohung aus.
- Die Prioritäten werden vom Bundesrat ohne offene Diskussion und ohne transparente Grundlage gegenüber dem bisherigen Verständnis neu gesetzt: Im Vordergrund stehen nun die Aufträge «Unterstützung der zivilen Behörden bei ausserordentlichen Lagen» und «Kriegsverhinderung durch Beitrag zur Friedenserhaltung im Ausland». Der Verteidigungsauftrag wird klar hintangestellt. Die bisherige Verteidigungsarmee wird in eine reine Dienstleistungsarmee umgewandelt.
- Die Kostenfrage – und nicht etwa die tatsächliche Bedrohungslage! – ist zum bestimmenden Argument für die «Weiterentwicklung der Armee» (WEA) geworden. Das ist nicht länger zu verantworten.
- Der geltende Bundesverfassungsartikel 58 wird mit dem jetzt vorgelegten Konzept der WEA erneut klar verletzt.

11. Schwelle zum Einsatz der Armee

Franz Betschon

11.1 Definitionen

Welche unserer Ressourcen könnten im Sinne von Putin (Kapitel 5.2) Gegenstand oder Anlass von Konflikten werden? Ab welcher Schwelle müsste gemäss Bundesverfassung die Armee eingesetzt werden? Wann ist unsere Souveränität in Gefahr? Die folgende Graphik verdeutlicht die klare Abgrenzung zwischen dem Einsatz spezieller Mittel zur Wahrung der Sicherheit einerseits, bei denen das VBS und die Armee mitwirken (Stufen 1 und 2) oder die Hauptverantwortung tragen (Stufe 3: robuster Armeeeinsatz), und Verwaltungsaufgaben andererseits, für welche alle anderen Departemente – nicht aber das VBS – zuständig sind.

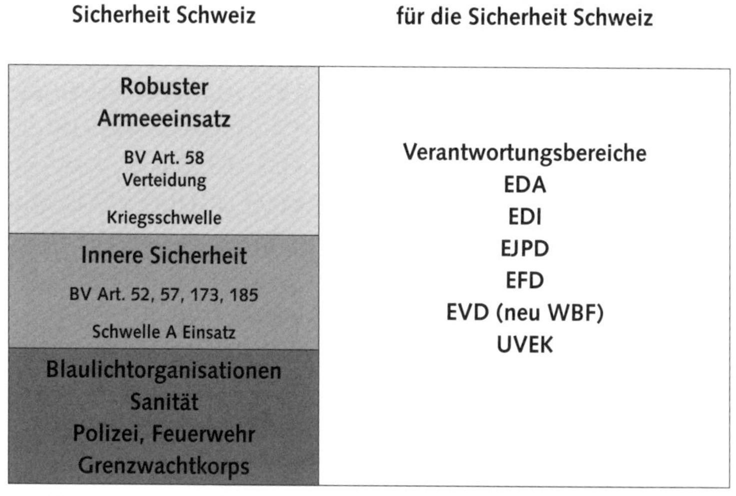

Graphik 8 *Abgrenzung zwischen speziellen Mitteln für die Sicherheit Schweiz (mit Beteiligung oder Hauptverantwortung der Armee) einerseits und Verwaltungsaufgaben (Verantwortungsbereich der anderen Departemente) andererseits*

Zuhanden der Sicherheitspolitischen Kommission der eidgenössischen Räte hat das VBS eine Graphik erstellt, die dasselbe aussagt, aber umständlicher ist.

Vorbehaltene Entschlüsse nötig

Eine Schwierigkeit ist, genau zwischen Armeeaufgaben und denjenigen anderer Instanzen zu unterscheiden. Deshalb wird je nach Standort der Beteiligten bequemerweise stets das Feld geübt, für das man nicht selber verantwortlich ist. Offenbar war die Übungsanlage der soeben durchgeführten Stabsrahmenübung Stabilo 12 eine solche. Sie befasste sich mit Fragestellungen der inneren Sicherheit. Dafür sollte eigentlich schon auch die Armee beigezogen werden können, aber erst nach einer «Mobilmachung» als erster Operation. Im Einsatz werden aber in der Folge zivile Instanzen das Sagen haben und nicht Armeestäbe. Mobilmachungsübungen – früher international bekanntes Markenzeichen der Schweiz – werden wohlweislich seit zehn Jahren nicht mehr durchgeführt, um eine öffentliche Blamage zu vermeiden.

Es ist offensichtlich, dass die Konfliktfälle, die das Überleben der Schweiz nicht als letzte Konsequenz in Frage stellen, die starke Mehrheit bilden. Dies dürfte der Grund sein, weshalb die Sicherheitspolitiker jeglicher Couleur es sich leisten können, sich unklar auszudrücken. Angst geht noch lange nicht um. Vorbehaltene Entschlüsse wären von erstrangiger Bedeutung, damit man im Ernstfall keine Zeit durch Kompetenzstreitigkeiten verliert oder von Ereignissen überrascht wird.

Kriegsschwelle

Konflikte oberhalb der Kriegsschwelle stellen die höchste Intensitätsstufe von Konflikten dar. Hier sind Kampftruppen die einzigen Leistungserbringer.[105] Sie müssen dafür die letzte Antwort

[105] Verein Sicherheitspolitik und Wehrwissenschaften (VSWW). Aktuelle geopolitische Entwicklungen und ihre Auswirkungen auf die Schweiz. Heft September 2011, S. 15

bereithalten. Dies sind Vorgänge, welche die Souveränität und das Überleben der Schweiz im weitesten Sinne in Frage stellen und denen nur mit der Armee entgegengetreten werden kann.

Schwelle zum allgemeinen Armeeeinsatz

Unterhalb der Kriegsschwelle hingegen liegen Vorgänge, bei denen die Schweiz aus Gründen des Völkerrechts agieren muss, aber die Polizei dazu nicht geeignet ist (Gewaltmonopol des Staates). Auch hier kommt die Armee zum Einsatz.

Armeeeinsätze müssen also nicht immer offene Kriege bedeuten. Sie können auch bei Veranstaltungen notwendig sein, die nur mit militärischen Mitteln in der dritten Dimension geschützt werden können, wie zum Beispiel beim WEF in Davos, bei internationalen Grossveranstaltungen oder bei Ereignisse, bei denen die innere Sicherheit gemäss den Bundesverfassungsartikeln 52, 57, 173 und 185 tangiert wird und keine anderen Mittel (Blaulichtorganisationen) verfügbar sind.

Keine Armeeaufgaben

Eindeutig keine Armeeaufgaben sind Truppeneinsätze zur Organisation privater Sportveranstaltungen. Rechtlich fraglich sind Einsätze der Armee für polizeiliche Kontrollaufgaben unabhängig von ausserordentlichen Situationen. Hierzu gibt es klare staatsrechtliche Gutachten der Herren Professoren Dietrich Schindler (Universität Zürich) und Rainer Schweizer (Universität St. Gallen).[106] Nur weil der Selbstbedienungsladen «Armee» eine einfache Lösung bietet, dürfen unsere Wehrmänner nicht unter Berufung auf Bürgerpflichten dazu missbraucht werden. Schon aus Selbstachtung hätte sich die Armeeführung von Anfang an gegen die Umfunktionierung der Verteidigungsarmee in eine «Dienstleistungsarmee» (Kapitel 10) wehren müssen.

106 Vgl. Küchler Simon. Miliz und Verteidigung – verfassungsrechtlich beurteilt. In: Pro Militia 04/2010

11.2 Was heisst Souveränität?

Eine Verteidigungsarmee ist das Mittel der Landesregierung zur Wahrung der Souveränität des Landes, der inneren Sicherheit und des Völkerrechts, insbesondere wo die Polizei die völkerrechtliche Pflicht zur Handhabung des Gewaltmonopols nicht mehr sicherstellen kann.

Zur Souveränität der Schweiz gehört demnach der Wille, sie zu verteidigen. Auch ist die bewaffnete Neutralität ein Beitrag zur Friedenssicherung.

Recht haben oder Recht bekommen?

Es reicht nicht aus, sich auf den Westfälischen Frieden von 1648 und den dort postulierten Ersatz von Macht durch Recht zu berufen, wie dies der Schweizerische Bundespräsident Ueli Maurer, der in Personalunion Verteidigungsminister ist, in seiner Ansprache anlässlich des Empfanges für das diplomatische Corps vom 9. Januar 2013 in Bern getan hat.[107] Globale Machteliten versuchen systematisch, das internationale Rechtssystem auszuhöhlen und zu schwächen. Auch die Schweiz wird immer mehr von fremdem Recht überzogen, ja erpresst. Ein Appell wie der von Bundesrat Ueli Maurer genügt nicht, um die Staatenwelt zu verpflichten, die schweizerische Souveränität zu achten. Denn Recht haben und Recht bekommen sind zweierlei Dinge! Im Gegenteil muss die Schweiz sich wieder dazu entschliessen, einen ernstzunehmenden militärischen Arm als sicherheitspolitisches Instrument zu unterhalten. Nur mit einer einsatztauglichen Armee kann das Recht auch tatsächlich verteidigt werden.

«Unter Souveränität verstehen das Staats- und das Völkerrecht die höchste selbständige, nicht abgeleitete Staatsgewalt (suprema potestas), die sich gegen innen in der Rechtssetzung, der Verwaltungsausübung und der Justiz manifestiert. Souveränität gegen aussen konstituiert den Anspruch auf Unabhängigkeit (Recht auf unabhängige

---

107 Maurer Ueli, Bundespräsident. Recht und Macht. Ansprache anlässlich des Empfanges für das Diplomatische Corps. Bern 9.1.2013

Aussenpolitik, Schutz vor Interventionen) und Gleichbehandlung unter den Gesichtspunkten des Völkerrechts. Souveränität gilt seit der Mitte des 20. Jahrhunderts nicht mehr als absolut: Sie ist stets in ein Regelwerk von internationalen Normen und Verträgen eingebunden. Staaten sind nicht in allen Bereichen gleich souverän.»[108]

Offensichtlich verstehen nicht alle politischen Parteien unseres Landes «Souveränität» gleich. Während das linke Spektrum auch ohne eine Souveränität im obigen Sinne auskommen kann und gerne bei seinen ausländischen Genossen Ratschläge einholt oder für innenpolitische Themen im Ausland Unterstützung sucht, lassen gelegentlich auch rechtspolitische Organisationen einen Sinn für Pragmatik vermissen und fordern fallweise Dinge unter den Titeln «Souveränität» oder «Neutralität», die unrealistisch sind.

11.3 Konflikte unterhalb der Kriegsschwelle

Im folgenden werden einige Beispiele für Konflikte unterhalb der Kriegsschwelle aufgeführt:

- Versuch eines fremden Staates, uns sein Rechtssystem (etwa im Bereich Steuerrecht) aufzuzwingen
- Konfiskation des Nationalbankgoldes (solange es noch im Ausland gelagert ist und noch nicht ohnehin schon stillschweigend durch das Lagerland konfisziert wurde)
- Verhinderung von Transporten zu Lande, zu Wasser oder in der Luft über ausländisches Territorium zugunsten unserer Wirtschaft (geographische Isolation)
- Konfiskation oder Behinderung der exterritorialen schweizerischen Wirtschaft
- Erpressung von Geldzahlungen, Waren-, Energie- oder Technologielieferungen
- Migrationsströme

---

[108] Historisches Lexikon der Schweiz. Elektronische Ausgabe (e-HLS). Stichwort Souveränität. www.hls-dhs-dss.ch 08/01/2013

- Cyberwar (mindestens das VBS weiss, dass es schon verschiedentlich Angriffsziel von Hackern war).

11.4 Konflikte oberhalb der Kriegsschwelle

Die folgenden Beispiele betreffen Konflikte oberhalb der Kriegschwelle:

- *Besetzung von Flughäfen* aus der dritten Dimension als Drehscheiben für internationale militärische Luftoperationen. Eine solche gefährliche Möglichkeit kann durchaus aus der Tiefe des Raumes über grosse Distanzen realisiert werden. Sie kann sehr schnell erfolgen (innert Stunden), aber mangels schweizerischer Antwortmöglichkeiten auch in aller Ruhe vorbereitet werden. Sie könnte sogar angekündigt werden und auch Skyguide erfassen. Zu diesem Zweck braucht es keinen terrestrischen Stoss. Um der Schweiz die Erkennung der Kriegsschwelle zu erschweren, könnten irgendwelche Verhandlungen, zum Beispiel ein Flugkontingent für die Swiss in Aussicht gestellt werden, um die luftverkehrsmässige Erschliessung der Schweiz vordergründig beibehalten zu können.
- *Zwang zur Überlassung des Nationalbankgoldes* (sofern in der Schweiz gelagert), sonstiger Geldzahlungen oder Lieferung von Ressourcen unter Androhung von Gewalt.
- *Besetzung oder Zerstörung von Verkehrsträgern* (Neat, Autobahnkreuzen, Eisenbahnknoten, Tunneleingängen) mit dem Zweck, die Verkehrsströme auch der Europäischen Union lahmzulegen.
- *Zerstörung anderer neuralgischer Anlagen.* Das VBS zählt in einem Katalog sogenannte SEB-Objekte auf (SEB = Schutz von zivilen Objekten zur Sicherstellung existenzieller Bedürfnisse). Mit etwas wirtschaftsgeographischen Kenntnissen der Schweiz können diese leicht aufgezählt werden. Es handelt sich um die Kern- und Wasserkraftwerke sowie um die Stromübertragungs- und Verteilanlagen mit ihren Unterwerken wie Laufen-

burg, Gösgen, Bickingen, Mühleberg, Romanel, Chippis, Lavorgo, Sils, Grynau, Mettlen und Breite. Dazu kommen noch die Anlagen zur Bahnstromversorgung, die Industrieanlagen und Kommunikationsknoten.

Schweiz als Erpressungsziel

Alle diese SEB, Schlüsselräume und Achsen können relativ risikolos durch einen Gegner mit Abstandswaffen, Drohnen, strategischen Bombern oder ballistischen Flugkörpern angegriffen werden. Eine flächige Besetzung des Landes entspricht nicht mehr der militärischen Logik. Einfacher können die vorerwähnten Ziele auch durch Androhung von Gewalt (Erpressung) auf Distanz erreicht werden, sofern die Schweiz die dazugehörige militärische Antwort nicht bereit hält. Die Erpressung kann auch den Nachbarstaaten der Schweiz gelten, welche in einem solchen Fall die entsprechenden Objekte unter Verletzung der Souveränität der Schweiz entweder selber schützen oder aber sicher sein müssten, dass die Schweiz dies tut.

Kriegsschwelle immer schwerer erkennbar

Diese Kriegsschwelle verschiebt sich vorläufig eher nach oben, das heisst militärische Mittel sind immer ungeeigneter, um Konflikte zu lösen. Die Kriegsschwelle dürfte immer schwerer zu erkennen sein. Die Befassung mit Problemen unterhalb der Kriegsschwelle (mit Ausnahme dessen, was man «innere Sicherheit» nennt und in der Bundesverfassung explizit genannt wird) ist nicht Sache der Armee, sondern der anderen Departemente, nämlich des EDA, EDI, EJPD, EFD, EVD und des UVEK! Das gegenwärtige Malaise besteht darin, dass der Bürger nicht mehr glaubt, dass die Politik, das heisst der Gesamtbundesrat, sich für eine solche integrale Sicherheitspolitik verantwortlich fühlt. Die einzelnen Mitglieder des Bundesrates hinterlassen nicht den Eindruck, in sicherheitspolitischen Fragen kompetent und ein Team zu sein. Es fehlt ihnen Bodenhaftung und Realitätssinn.

12. Die Kehrtwende

Franz Betschon

12.1 Wiederaufbau einer Milizarmee

Wie in den obigen Kapiteln dargelegt, ist beim VBS und in der Armeespitze trotz Scheitern der Armee XXI eine Einsicht in die Notwendigkeit einer Kehrtwende noch wenig erkennbar. Dort wird zum Teil immer noch erklärt: «Eine militärische Bedrohung der Schweiz existiert zur Zeit praktisch nicht.»[109]

Folgt man der Presse, so prägt grosse Selbstzufriedenheit in «Bern» das Bild! Man fühlt sich unangreifbar. Man fühlt sich too big to fail! Nachdem – wie bereits beschrieben – aus der Armee 95 überhastet die Armee XXI gebaut wurde, erfolgte mit dem «Entwicklungsschritt 08/11» das erste Eingeständnis des Scheiterns und nun mit dem Projekt «WEA» bereits das nächste. Keine Armee der Welt erträgt einen derartigen Aktivismus, darauf wurde schon hingewiesen. Während man sich an der Spitze in «Bern» weiterhin intensiv mit sich selber beschäftigt, bricht an der Basis Stein um Stein aus dem Fundament (so soll laut einer SMS-Umfrage des VBS[110] nur jeder dritte Armeeangehörige glauben, zur Sicherheit der Schweiz beizutragen).

Verfassung und Völkerrecht respektieren

Die Armee kann, wie ausgeführt, nicht mehr auf gefährliche Feindmöglichkeiten antworten und auch die allgemeine Wehrpflicht und die Wehrgerechtigkeit nicht mehr gewährleisten. Sie wurde zur Dienstleistungsarmee und damit zum Selbstbedienungsladen für Partikularinteressen degradiert. Die zentrale Frage lautet heute: Wie kann die Armee wieder

---

109 Winkler Theodor H., Botschafter, Geneva Centre for the Democratic Control of Armed Forces (DCAF). Zitiert in: Von Tscharner Benedikt. Inter Gentes. Staatsmänner, Diplomaten, politische Denker. Gollion: Infolio 2012, S. 388

110 Neue Zürcher Zeitung, 15.2.2013

ihrer verfassungsmässigen Aufgabe zugeführt und zu einer völkerrechtskonformen Verteidigungsarmee werden?

Die *Gruppe Giardino* glaubt auch in diesem Sinne das Muster der «3x5er-Regel» (Anhang 1) erkennen zu können. Die Dokumente zur WEA zeigen, dass das VBS, ohne es zu wissen, mit der Planung der Phase 3 beginnt.

Zeitbedarf von zehn Jahren

Aus der Unternehmenspraxis weiss man, dass der Wiederaufbau eines Unternehmens nach einem Turnaround etwa gleich lange dauert, wie es brauchte, um es in den Keller zu fahren. Für unser Land würde dies einen Zeitbedarf von zehn Jahren bedeuten. Da jedoch die Mittel durch die Vernichtung der bisherigen Armee und auch die personellen Strukturen nicht mehr vorhanden sind, erklärt selbst das VBS, dass beispielsweise der Wiederaufbau einer Erdkampffähigkeit oder einer Luftaufklärfähigkeit der Luftwaffe mindestens zehn Jahre dauern wird.[111] Dies gilt auch für ein neues Mobilmachungssystem, aber nur, wenn man bereits die Notwendigkeit erkannt und die Mittel zu einem solchen Wiederaufbau gesprochen hat. Gehen wir also davon aus, dass die Wiedererlangung dieser Fähigkeiten (wenn man den finanziellen Aspekt mit einbezieht) 15 bis 20 Jahre dauern wird! Auch der Wiederaufbau der Armee nach der Abrüstung in den 1920er Jahren dauerte so lange. Natürlich kann ein solches Unterfangen nur in Stufen geplant und durchgeführt werden.

Mobilmachungsfähigkeit ist erstrangig

Verfassungsmässigkeit der Armee kann wie folgt zusammengefasst werden:

- voll ausgerüstet
- Milizarmee

---

[111] Sievert Kaj-Gunnar. Fähigkeit zum Erdkampf. In: Schweizer Soldat. Nr. 06/2010, S. 13

- allgemeine Wehrpflicht und Wehrgerechtigkeit
- Mobilmachungsfähigkeit
- bereit sein, auf gefährliche Feindmöglichkeiten oberhalb der Kriegsschwelle zu antworten, einen Verteidigungsauftrag zu erfüllen und dafür auch ausgebildet sein (Einsatzbereitschaft)
- bereit sein, reflexartig für Probleme der inneren Sicherheit oder für Hilfeleistungen zugunsten der zivilen Behörden zur Verfügung zu stehen.

Allgemeine Wehrpflicht zusammen mit Wehrgerechtigkeit und ohne manipulierte Tauglichkeit bedeutet derzeit pro Jahr circa 30 000 neue AdA. Für diese sind Ausbildungsplätze bereitzuhalten, wie sie seinerzeit vorhanden waren, und anschliessend sind sie in die Verbände einzugliedern. Einsatzbereitschaft heisst, je nach Aufgabe, eine zu bestimmende optimale Verweilzeit in einer bestimmten Funktion zu gewährleisten, um die Fähigkeiten dauernd auf einem möglichst hohen Niveau zu halten. So käme man mit circa 300 Tagen Gesamtwehrdienstdauer zu Verhältnissen, die auch die Wehrgerechtigkeit sicherstellen würden. Dies würde wiederum in etwa den Verhältnissen der Armee 95 entsprechen. Daraus müsste es möglich sein, die nötige Anzahl Führungskräfte sicherzustellen, wobei die Anzahl höherer Stabsoffiziere signifikant tiefer ausfallen müsste.

Kommende schwere Jahre in Würde und Anstand bewältigen

In diesem Modell gibt es verschiedene mögliche personelle Gleichgewichtszustände (Rekrutenausbildung, Weiterausbildung, Wiederholungskurse). Solche wären rechnerisch darzustellen. Die Armee 61 war diesbezüglich sicher überstreckt, die Armee XXI scheint im negativen Sinne aus dem Gleichgewicht zu sein.

Die Frage ist, wie die Schweiz die nächsten 15 Jahre in Würde und Anstand hinter sich bringen kann, die gebraucht werden, um unsere sicherheitspolitischen Instrumente (hauptsächlich die Armee) wieder einsatztauglich zu machen. Der entschlossene Wille, souverän zu bleiben, muss jetzt entwickelt werden. Darauf folgt ein stufenweiser Wiederaufbau, um möglichst schnell eine gewisse reduzierte Verteidigungsfähigkeit wiederzuerlangen.

12.2 Acht-Stufen-Plan

Der vorgelegte Acht-Stufen-Plan sieht als Stufen 1–3 drei Sofortmassnahmen vor, die zuerst und möglichst parallel an die Hand genommen werden müssen. Darauf folgen fünf weitere Schritte, die Stufen 4–8:

Stufe 1: Finanzielle Planbarkeit

Die erste Sofortmassnahme ist die Wiederherstellung der finanziellen Planbarkeit der Armee. Damit die Armee insbesondere ihren internationalen völkerrechtlichen und nationalen verfassungsmässigen Verpflichtungen nachkommen kann, muss sie auch die finanzielle Planungssicherheit wiedererlangen. Sie ist daher nach erfolgter Grundsatzdiskussion in der Wintersession 2011 der eidgenössischen Räte mit der beschlossenen Ausgabenlimite von fünf Milliarden Franken aus allen künftigen Sparübungen auszuschliessen. Diese Ausgabenlimite soll mindestens fünf Jahre Vorschau ermöglichen und rollend überprüft werden. Oberster Massstab ist dabei die Ausrüstung und Ausbildung entsprechend der internationalen Bedrohung. Die Begründungen der anderen Departemente, warum sie weniger sparen könnten als das VBS, sind nachgerade verantwortungslos. Der sorgfältige Umgang mit den gesprochenen Mitteln ist professionell sicherzustellen.

Stufe 2: Flughafenformationen

Die zweite Sofortmassnahme ist die Reaktivierung des Flughafenregimentes Zürich und des Flughafenbataillons Genf als sofort verfügbare Alarmformationen,[112] um eine strategische Luftlandung in Kloten zu parieren (das wäre dann die vom VBS erwähnte «Miliz mit hoher Bereitschaft»[113]). Bereits im Jahr 1987 wurde das Flughafenregiment 4 «mit unschweizerischer Eile aus dem Boden gestampft».[114] Warum können wir dies nicht noch einmal so «unschweizerisch» tun? Bemerkenswert ist auch, dass das genannte Regiment damals «mit fast allen Traditionen» brach.[115] Das wäre ja genau das, was auch heute wieder gewünscht ist. Für die Belange des Flughafens Genf sind soeben interessante Aufzeichnungen, nicht zuletzt aus Übungen der Territorialregion 1, veröffentlicht worden.[116] Diese müssten zusammen mit Überlegungen für Zürich zur Kenntnis genommen und auf Kompatibilität überprüft werden. Im Sinne dieser Sofortmassnahme muss die Ausrüstung eines Flughafenregimentes für Zürich und eines Flughafenbataillons für Genf Priorität haben.

Stufe 3: Mobilmachungssystem

Die dritte Sofortmassnahme ist parallel zur Reaktivierung des Zürcher Flughafenregimentes und des Genfer Flughafenbataillons zu ergreifen, und zwar muss dringendst die Wiedereinführung eines Mobilmachungssystems in die Wege geleitet werden. Dafür sind einige Jahre zu veranschlagen! Erst wenn in vielen Truppenübungen die reflexartige Beherrschung der Mobilmachung wieder nachgewiesen ist, können die Politik im Falle von militärischer Bedrohung und die zivilen Behörden im Falle von Naturkatastrophen mit der Armee rechnen.

---

112 Betschon Franz & Geiger Louis. Erinnerungen an die Armee 61. Eine zeitgeschichtliche Dokumentation. Frauenfeld: Huber 2009, S. 158

113 WEA. Gesamtbericht 27.7.2012, Ziff. 2.4

114 Betschon Franz & Geiger Louis. A.a.O.

115 Betschon Franz & Geiger Louis. A.a.O.

116 Allgemeine Schweizerische Militärzeitschrift (ASMZ). Nr. 09/2012, S. 14–19

Stufe 4: Logistikbasis der Armee

Wiedererlangung der Funktionstüchtigkeit der Logistikbasis der Armee. Diese muss in die Lage versetzt werden, den Materialunterhalt mit eigenen Mitteln sicherstellen zu können. Dabei muss minimal die Trennung der Logistik des Heeres von der Logistik der Luftwaffe sowie Wiederunterstellung letzterer unter den Kommandanten der Luftwaffe erfolgen.

Stufe 5: Betreuungskompanien

Die Betreuungskompanien sind zu reaktivieren. Das Malaise auf dem Gebiete der Betreuung von Flüchtlingen zum Zeitpunkt der Drucklegung dieses Buches, die Überbeanspruchung der Instanzen des Eidgenössischen Justiz- und Polizeidepartements und des Bundesamtes für Migration und die gleichzeitige Nichtbeteiligung der Armee weisen auf ein bestimmtes Misstrauen hin bezüglich Problemlösungsfähigkeit ebendieser Armee. Das zur Verfügung Stellen von Unterkünften, wie es derzeit praktiziert wird, ist noch keine aktive Beteiligung.

Stufe 6: Flieger- und Raketenabwehr

Die *Gruppe Giardino* schlägt vor, das Projekt BODLUV 2020 mit grösster Kraft voranzutreiben.[117] Es geht darum, gegen Erpressungen aus der dritten Dimension möglichst rasch wieder eine Antwort zur Verfügung zu haben. Als Alarmformationen hätten diese Fliegerabwehrformationen die Primäraufgabe, jederzeit ohne Zeitverzug die Kernkraftwerke, wichtige Schlüsselräume oder Achsen zu schützen und Drohnen zu bekämpfen.[118] Leider ist der Schutz, schon gar nicht der reflexartige, von SEB (Kapitel 11.4), Achsen, Schlüsselräumen und weiteren wichtigen Objekten gegen Bedrohungen jeglicher Art aus der

---

117 Siegenthaler Werner & Stoll Bernhard. Integrierte Flieger- und Raketenabwehr. ASMZ 08/2012, S. 30

118 Vgl. Anhang 4

dritten Dimension nicht einmal mehr auch nur ansatzweise gewährleistet. Von 1995 bis 2004 sind die damals 38 auf neun Mittlere Flab-Abteilungen reduziert worden. Man bringe hier nur ja nicht wieder die alten, längst widerlegten Legenden von «zu teuer», «keine Ersatzteile», oder «veraltet». Die sogenannten Trio Einheiten (Anhang 4) müssen in den Jahren 2020 bis 2025 vollständig und teuer ersetzt werden. Vorläufig nimmt man dieses Bedürfnis nur zur Kenntnis. Die ehemaligen Flab-Offiziere und der Chef der Armee, der dieser Waffengattung entstammt und deren Bedürfnisse aus übergeordneter Sicht hätte schützen müssen, haben die Demontage ihrer Waffe tatenlos geschehen lassen in der Meinung, die Mittel für die Erneuerung würden dann schon gesprochen. Das Gerangel um die Mittel für den Tiger-Teilersatz (TTE) lässt grüssen!

Stufe 7: Handlungsfähigkeit in der dritten Dimension

Beschaffung des Saab Gripen: Die *Avia Zürich* (Gesellschaft der Offiziere der Luftwaffe) hat am 8. September 2012 in Zürich und am 12. Oktober 2012 in Emmen eine Präsentation des gesamten Systems in hervorragender und präziser Art vorgenommen. Sie wurde dabei unterstützt durch Vertreter der Firma Saab und unserer Luftwaffe. Das Resultat war, sowohl was die Beurteilung der militärischen, der politischen, aber auch der industriellen Komponente betrifft, sehr befriedigend. Wer aus welchen Gründen auch immer je andere Behauptungen in die Welt gesetzt hat, um das Projekt zu diskreditieren, wurde an diesen zwei Tagen eines besseren belehrt. Interessant war der Hinweis, dass schon bei der Beschaffung des F/A-18 eine andere Version getestet, als diejenige, die später erfolgreich abgeliefert wurde. Dieses übliche Vorgehen hat damals niemanden gestört. Das Projekt TTE ist die absolut letzte Möglichkeit für die Schweiz, glaubhaft darzulegen, dass sie nicht einfach klammheimlich den Argumenten der GSoA folgen will. Die *Gruppe Giardino* unterstützt in jeder Beziehung alle Bemühungen, den Gripen zu beschaffen. Der Gripen ist eine überzeugende Ingenieurleistung und Saab einer der erfahrensten europäischen Kampfflugzeugbauer.

Die Armasuisse oder das Eidgenössische Finanzdepartement sind anzuhalten, die volkswirtschaftliche Gesamtrechnung dieser Beschaffung vorzulegen, und zwar unter Berücksichtigung der in der Schweiz rückfliessenden Steuererträge der beteiligten Industrie infolge von Offset-Geschäften. Solche waren in der Vergangenheit stets erfolgreich, ja wurden häufig sogar übererfüllt. Entsprechende Bedenken von Gegnern der Gripen-Beschaffung sind nicht gerechtfertigt. Unter diesen Voraussetzungen dürfte die Beschaffung volkswirtschaftlich zu Ende gerechnet höchstens mit circa 2,5 Milliarden Schweizerfranken zu Buche schlagen!

Luftaufklärfähigkeit: Nachdem die Beschaffung von Aufklärungsdrohnensystemen aus Israel politisch fragwürdig geworden ist, da dieses Land die Kriterien nicht erfüllt, die in der Schweiz gesetzlich gegeben sein müssen, um eine Zusammenarbeit zu erlauben (Respektierung der Menschenrechte, nicht kriegführend), sollte endlich die Beschaffung bei der schweizerischen Industrie ein Thema werden. Diese wäre ohne weiteres in der Lage, solche Flugkörper inklusive Sensorik zu entwickeln und zu bauen wie beispielsweise den RQ-11 Raven der US-Armee.[119]

Erinnert sei in diesem Zusammenhang an die Entstehungsgeschichte des heute noch im Einsatz stehenden Aufklärungsdrohnensystems ADS 95 Ranger. Es wurde 1990 vom israelischen Generalunternehmer geliefert und hätte eigentlich ADS 90 Ranger heissen sollen. Doch da es die Spezifikationen für die Schweiz nicht erfüllte, war es 1990 nicht einsatzfähig. Dies war erst fünf Jahre später der Fall, und zwar nach intensiver Nachentwicklung in der Schweiz, weshalb das Aufklärungsdrohnensystem heute ADS 95 Ranger heisst – entsprechend dem Zeitpunkt der Fertigstellung. Erinnert sei auch an schweizerische Entwicklungen, insbesondere an der ETH Zürich, etwa im

---

[119] Isler Thomas & Biswas Chanchal. Krieg ohne Risiko. NZZ am Sonntag, 30.12.2012

Bereich der Flugsteuerung. Die Flugzeugbauingenieure unserer Industrie weisen genügend Erfolge auf, um ein solches System sehr kostengünstig zu entwickeln. Drohnentechnologien sind in unserem Lande im Übermass vorhanden! Zudem könnte auf diese Weise endlich wieder eine nennenswerte rüstungstechnische Zusammenarbeit mit der heimischen Industrie zustande kommen.

Stufe 8: Wiederaufbau einer Verteidigungsarmee

Was die *Gruppe Giardino* darunter versteht, wird im folgenden Abschnitt dargelegt. Vorläufig wird darauf verzichtet, bereits jetzt in Scheingenauigkeit eine detaillierte OTF (Organisation der Truppen und Formationen) vorzuschlagen. Unter Einhaltung der unten skizzierten Randbedingungen sind verschiedene Varianten denkbar. Der Auftrag der Armee ist weiter oben umschrieben. Bei entsprechendem Auftrag ist das VBS in der Lage, diese Detailplanung selber in kürzester Zeit vorzunehmen.

12.3 Vertretbare und wünschbare Verteidigungsarmee

Welche Armee sollte die Schweiz am Ende der vierten Wiederaufbauphase anstreben, um international nicht in Abhängigkeit zu verharren, sondern wieder respektiert zu werden? Der Auffassung muss entgegengetreten werden, die Armee 61 oder auch die Armee 95 seien «Massenheere» gewesen. In ersterer wurden gerade einmal 13,5 Millionen Militärdiensttage (MDT) geleistet, was einem Berufsheer von circa 60 000 Mann entsprochen hätte. In der Armee XXI werden immer noch circa sechs Millionen MDT geleistet, was nur noch etwas mehr als 27 000 Berufssoldaten entspricht. Wer angesichts dieser Zahlen immer noch mit Schlagworten wie «Massenheer» polemisiert, hat den Unterschied zwischen Berufssoldaten und Milizsoldaten nicht begriffen, insbesondere, dass in einem mehrere Heeresklassen umfassenden System die meisten AdA nur noch kostenlos auf dem Papier existieren, aber jederzeit verfügbar gemacht werden könnten, wenn denn ein Mobilmachungssystem dereinst wieder funktionieren würde.

Unsere Hypothese lautet: Eine Armee, die ihren Auftrag (gemäss Kapitel 10) erfüllen und europäische Solidarität üben kann, setzt voraus:

- 120 000 Mann Kampftruppe total inklusive Luftwaffe (früher «Auszug» genannt)
- 180 000 Mann für subsidiäre Hilfseinsätze, Reserve und Katastrophenhilfe, aber zum Beispiel auch für die Betreuung von Flüchtlingen (früher «Landwehr» genannt)
- Luftwaffe gemäss speziellem Ansatz, inklusive eigener Logistik
- Circa sieben Millionen Militärdiensttage MDT pro Jahr, davon 80% für die kämpfenden Truppen («Auszug») und 20% für subsidiäre Hilfseinsätze («Landwehr»)
- Das Milizprinzip wird wieder so angewendet, wie es die Gutachten der Professoren Schweizer und Schindler[120] sowie Kapitel 9 definieren
- Es können jederzeit und zeitverzugslos eine grössere Anzahl Soldaten voll ausgerüstet in Marsch gesetzt werden (Mobilmachungsfähigkeit)
- Eine internationale Zusammenarbeit, die die eigene Handlungsfreiheit respektive Souveränität nicht beeinträchtigt, die Armeeeffizienz erhöht (zum Beispiel durch Ausbildungszusammenarbeit) und grundsätzlich die Gesamtstrategie des Bundesrates unterstützt, muss möglich sein und ist folglich vorzubereiten. Sie ist aber nicht die Rechtfertigung der Armee und darf auch nicht zu höheren Kosten führen
- In die Luftwaffe muss minimal wieder die eigene Logistik reintegriert werden. Die Logistikbasis der Armee hat sich davon überfordert gezeigt.

---

[120] Küchler Simon. Miliz und Verteidigung – verfassungsrechtlich beurteilt. In: Pro Militia. Nr. 04/2010

Diese Eckwerte ergeben sich nicht durch eine mathematisch geschlossene Berechnung. Sie nehmen intuitiv Bezug auf die Verhältnisse in unserem Land und können in einem gewissen Rahmen variiert werden.

Zudem ist folgendes zu erwägen:

- Wehrgerechtigkeit und längere Verweildauer in der Armee sind essentiell. Dabei wird auf dem Modell der Armee 95 basiert (Armee 95 light).
- Mit Einführung der Armee XXI sollte die Militärdienstpflicht für alle Dienstkategorien in der Regel mit 30 Jahren enden. So zumindest wurde es in den Abstimmungserläuterungen des Bundesrates postuliert. In Wirklichkeit galt diese Altersbegrenzung nur für Milizsoldaten und Milizoffiziere. Die «höheren Stabsoffiziere» hingegen – fast ausschliesslich Berufsmilitärs und nicht wenige davon beteiligt an der Planung der Armee XXI – wollten nicht auf ihre komfortablen Bundesstellen verzichten und verblieben im Amt. So erklärt sich der heutige groteske Sachverhalt, dass zwischen der aktiven Armeeführung mit einem Durchschnittsalter von circa 55 Jahren und der aktiven Truppe mit einem Durchschnittsalter von 23 Jahren (AdA) oder 25 Jahren (Truppenoffiziere) eine Lücke von einer Generation klafft, die es aufzufüllen gilt. Derzeit gibt es keine konsistente Alterspyramide, der Altersunterschied zwischen den Führern und den Geführten ist zu gross.

Eine der Stärken des von uns vorgeschlagenen Modells ist, dass es wieder Landwehrtruppen umfasst, die gezielt auf Probleme der inneren Sicherheit und auf subsidiäre Hilfseinsätze hin ausgebildet und ausgerüstet werden können, ohne dass die Kampftruppen (Auszug) von ihrem Verteidigungsauftrag abgehalten würden.

Die von der *Gruppe Giardino* vorgeschlagene Armee bereitet sich für den Krieg der Zukunft in der Schweiz vor, nicht für einen Nato-Krieg und auch nicht für den Krieg der Vergangenheit!

12.4 Finanzielle Überlegungen

Leider sind wichtige Finanzdaten im VBS schwierig abrufbar. Dennoch gibt das Armee-Taschenbuch einige Zahlen frei.[121] Der Bezug auf das Bruttosozialprodukt (BSP) ist natürlich nicht statthaft. Erstens ist das schweizerische BSP atypisch hoch (wegen der hochleistungsfähigen Wirtschaft), und zweitens verfügt unsere Armee nicht über eine Marine, wie beispielsweise Finnland.[122] Insofern ist es begründbar, wenn sich die meisten Bundesausgaben stärker entwickelt haben als diejenigen für die militärische Landesverteidigung.

Die Graphik 4 in Kapitel 5.4 zeigt aber unausgesprochen, dass die von den eidgenössischen Räten vorgegebene Ausgabenlimite für die Armee gemäss Kapitel 12.3 reichen müssten, auch für TTE und BODLUV 2020. Von Einsparungen in der Vergangenheit kann keine Rede sein! Praktisch gleichbleibenden Kosten stehen drastisch reduzierte Leistungen gegenüber.[123]

Unter Berücksichtigung des Umstandes, dass ausser der Einführung des Kampfschützenpanzers 2000 (CV-9030) seit den frühen 90er Jahren des letzten Jahrhunderts keine grösseren Rüstungsprojekte mehr realisiert wurden, sind diese Zahlen zu hoch. Es sind zwar viele Ausgaben generiert worden, aber vorwiegend unzweckmässig. Dazu gehören viele Milliarden für die schon mehrfach erwähnten nicht einsatztauglichen Projekte der Armee-Informatik, für voreilig ersetzte Lastwagen und ähnlich nutzlose Projekte. Noch tönen Projekte im Ohr wie FIS Heer, C4ISTAR oder INTAFF. Zu erinnern ist an

---

[121] Taschenbücher Schweizer Armee. Frauenfeld: Huber 1981 bis 2010

[122] *Gruppe Giardino*. Schwarzbuch II. Herbst 2011, S. 9

[123] *Gruppe Giardino*. A.a.O., S. 12

die über 40 EDV-Projekte im Gegenwert von über vier Milliarden Franken im VBS, die dem Vernehmen nach notleidend sein sollen.

Kosten, die nichts mit dem Landesverteidigungsauftrag zu tun haben, sollen grundsätzlich weiterverrechnet, mindestens aber separat ausgewiesen werden. Dies betrifft zum Beispiel Lufttransporte für andere Departemente, Auslandeinsätze zugunsten des EDA und Sportanlässe. Solche Anlässe sollen nicht mehr gratis unterstützt und sie sollen nur noch durch Freiwillige bemannt werden. Investitionsbedürfnisse, die durch unrechtmässig vernichtetes Material entstanden sind (siehe Kapitel 8) und denen zur Wiedervervollständigung der Ausrüstung gemäss Bundesverfassung entsprochen werden muss, sollen sonderfinanziert werden.

Hoffentlich bleibt uns das Schicksal gnädig und gibt uns noch die Zeit, diese Sonderfinanzierung über eine Wehranleihe in die Wege zu leiten!

Es wirkt aber weiterhin sonderbar, wenn nicht sogar verdächtig, wie sehr alle Instanzen, inklusive die Politik, sich sträuben, endlich Klarheit über die Geldflüsse zu schaffen, die rund um die Armee in den letzten Jahren zugunsten der «allgemeinen Bundeskasse», was immer das heisst, entstanden sind. Ebenso eigenartig wirkt der Umstand, dass mit grossem Aufwand verhindert wird, dass offensichtliche Mängel endlich zweckmässig untersucht werden. Weiter befremdet es, dass der Chef VBS nie Anstalten getroffen hat, um die auch von ihm geforderte Komplettierung der Ausrüstung der Armee finanziell zu beziffern, und es ist geradezu grotesk, dass sich der Chef der Armee anlässlich eines Seminars für die Generalstabsoffiziere fragte: «Wie kann ich für die Truppe neues Material fordern, solange noch so viel davon in Kavernen lagert?» Oder mit anderen Worten: Wer neue Ausrüstung begründen will, muss die alte vernichten. Ein merkwürdiger Gedanke für einen sparsamen Hausvater …

13. Wiedererlangung der strategischen Handlungsfreiheit

Franz Betschon

«Sicherheit» – der wirtschaftlich entscheidende Standortvorteil der Schweiz

Wir lesen es jeden Tag erstaunt in den Tageszeitungen: Die Art wie mit der Schweiz innerhalb des westlichen Lagers umgesprungen wird, wie sie gedemütigt und erpresst wird, sucht in der Geschichte ihresgleichen. Die Schweiz ist einer der wichtigsten Handelspartner der EU, vor allem von Deutschland, und dennoch wird sie respektlos selbst von deutschen Regionalpolitikern zurechtgewiesen. Es ist nicht anzunehmen, dass sich dieselben Politiker getrauen würden, etwa die Niederlande, Belgien oder auch Frankreich und Italien so zu behandeln.

Somit ergibt sich nach all dem Gesagten als die allergefährlichste Feindmöglichkeit diejenige, bei der die Schweiz nicht einmal mehr erpressbar ist, das heisst soweit abgerüstet hat, dass sie über keinen relevanten militärischen Arm der Sicherheitspolitik mehr verfügt. Sie hat die sicherheitspolitische Handlungsfreiheit ja bereits preisgegeben.

Es ist naheliegend, dass zum Zeitpunkt, zu dem die strategische Unsicherheit der Schweiz offensichtlich wird, auch der Standortfaktor «Sicherheit der Schweiz» in sich zusammenfällt. Damit ist die grösste Gefahr für die wirtschaftliche Prosperität der Schweiz ausgemacht. Viele heute schon global tätige Unternehmen werden die Schweiz verlassen müssen, unser Wohlstand wird sich auflösen wie Schnee an der Frühlingssonne. Das 19. Jahrhundert lässt grüssen!

Unter Blinden ist der Einäugige König

Unter den europäischen Streitkräften ist die Nato mindestens noch einäugig. Selbständiges sicherheitspolitisches Denken vorausgesetzt, müsste die Nato sich schon lange auf einen aufgezwungenen Alleingang auf einem Kriegsschauplatz Europa einstellen. Sie müsste dabei auch die Möglichkeiten der Schweiz mit ins Kalkül einbeziehen. Die Nato wird ohne realistische militärische Unterstützung durch die USA auskommen müssen. Sie wird also nur mit einer militärisch handlungsfähigen Schweizer Armee verhandeln oder Absprachen treffen, eine Ausgangslage die zur Zeit fraglich ist. Es geht also für die Schweiz darum, die sicherheitspolitische Handlungsfreiheit überhaupt erst wieder herzustellen.

Absprachen auf gleicher Augenhöhe

Leider verhindert die nicht realitätsgerechte Wahrnehmung der Nato durch bestimmte Schweizer Politiker («Froschperspektive») bisher eine intelligente Absprache mit dieser Organisation. Niemand muss ein Euro- oder Nato-Turbo sein, um sich ein Beispiel an General Guisan zu nehmen. Jener hatte schon vor 1940 mit Frankreich detaillierteste Absprachen getroffen, um im Falle der damals gefährlichsten Feindmöglichkeit mit Frankreich zusammenzuarbeiten. Als dann diese Absprachen hinfällig wurden, weil die deutsche Wehrmacht Frankreich überrollte, haben die persönlichen Beziehungen unseres Oberbefehlshabers gegen Kriegsende immerhin noch dazu gedient, den von Süden her Richtung Elsass vorstossenden General de Lattre de Tassigny zu veranlassen, seine Operation so durchzuführen, dass an unserer Nordgrenze keine deutschen Truppen in die Schweiz abgedrängt werden konnten. Ein Telefonanruf General Guisans hat dies möglich gemacht.

Nach-Nato-Zeit vorbereiten

Genügend «Bargaining Power», das heisst einen brauchbaren militärischen Arm der Sicherheitspolitik vorausgesetzt, müsste die Schweiz nicht immer fürchten, von der Nato vereinnahmt zu werden. Souveränität hiesse, auch militärisch handlungsfähig zu sein. Selbstsicherheit wäre endlich wieder ein Gebot der Stunde. «Die Schweiz leidet an einem Kleinstaaten-Komplex», meinte vor einiger Zeit der Schweizer Botschafter in Deutschland, Tim Guldimann, in der «Neuen Zürcher Zeitung».[124] Eine funktionsfähige Armee vorausgesetzt, müsste sie keinen Verbindungsoffizier im Nato-Hauptquartier sitzen haben. Die Nato würde es sich angelegen sein lassen, in Bern vertreten zu sein. Es würde zu den Pflichten einer integralen schweizerischen Sicherheitspolitik gehören, dafür zu sorgen, dass dieser militärische Arm jederzeit noch ein Verhandlungsargument sein kann. Der Zustand der Nato erfordert von der Schweiz heute die gedankliche Vorbereitung der Nach-Nato-Zeit.

Vergleich mit Israel

Wenn man schon den Eindruck gewinnen könnte, für das VBS sei Israel das Mass aller Dinge (Kapitel 7.5), so soll abschliessend noch ein Vergleich der strategischen Leistungsfähigkeit dieses Landes mit derjenigen der Schweiz vorgenommen werden, respektive der Art, wie die beiden Länder ihre sicherheitspolitischen Möglichkeiten zugunsten ihrer Einwohner nutzen.

Kriterium	Schweiz	Israel
Index der Wettbewerbsfähigkeit	weltführend / Rang 1	mittelmässig / Rang 24
BIP per capita	Rang 4	Rang 28
Wohlstand per capita	weltführend	mittelmässig
Geopolitische Lage	sehr gut	sehr schlecht
Militärische Leistungsfähigkeit	schlecht, abgerüstet	hochgerüstet, regionale Überlegenheit
Sipol. Vernetzung (Freunde)	ungenügend (keine)	weltweit
Sipol. Lage	gefährlich	stabil

Tabelle 3 *Vergleich zwischen der Schweiz und Israel*[125]

---

[124] Guldimann Tim. Die Schweiz leidet unter einem Kleinstaaten-Komplex. In: Neue Zürcher Zeitung, 1.4.2010

[125] Zahlen aus: Die Welt in Zahlen. Weltwoche Nr. 3/2013, S. 66

Der Vergleich in dieser Tabelle beruht auf der erfahrungsgeleiteten Intuition des Autors. Doch auch eine vertiefte Betrachtung würde kaum zu einem anderen Resultat führen als dem, dass die Schweiz ihre Möglichkeiten sicherheitspolitischer Art sehr schlecht nutzt, Israel dagegen überdurchschnittlich gut.

Mut zur Meinungsäusserung

Deshalb fordert die *Gruppe Giardino*, dass das kleinkrämerische Feilschen um die Grösse der Armee endlich ein Ende hat. Es ist nicht verständlich, dass auch die bürgerlichen Parteien diesen Tanz mitmachen und nicht durchschauen, dass sie damit nur mithelfen, unser Wehrwesen und damit die strategische Handlungsfreiheit der Schweiz im weitesten Sinne zu schwächen (1798 lässt grüssen!). Ebenso wenig verständlich ist, dass auch die Fachleute im VBS kuschen und sich nicht getrauen, ihre Meinung öffentlich kund zu tun. Die *Gruppe Giardino* fordert nicht nur eine angemessen vergrösserte Armee, sondern auch einen unseren Möglichkeiten und Bedürfnissen angepassten militärischen Arm der Sicherheitspolitik. Dieser soll international wieder respektiert werden und uns die verlorengegangene sicherheitspolitische Handlungsfreiheit zurückgeben.

Nachwort
Wir stehen zur Schweiz

Carlo Jagmetti

Die Schweiz hat seit langer Zeit ihren festen Platz in der Familie der Nationen. Auf der internationalen Ebene ist ihr Einsatz mit Guten Diensten und für Friedenssicherung, Menschenrechte, humanitäre Hilfe, freiheitlichen wirtschaftlichen und kulturellen Austausch anerkannt. In den letzten zwei Jahrzehnten wurden unserem Lande aber von bedeutenden Partnern Vorwürfe gemacht wegen mangelnder internationaler Zusammenarbeit, besonders in Finanz- und Steuerfragen. Solche Anfechtungen und auch gewisse im Lande selbst formulierte Gedanken zeigen, dass unsere traditionellen Wertvorstellungen hin und wieder in Frage gestellt werden. Dabei geht es vor allem um Unabhängigkeit, direkte Demokratie, Föderalismus, Neutralität, Landesverteidigung, Subsidiarität und damit die Rolle der Kantone und der Gemeinden. Der Zentralismus schreitet voran. Es ist davon die Rede, dass sich die Schweiz in übernationale Strukturen einbinden lassen sollte, und über die Souveränität wird debattiert, und zwar meist in dem Sinne, dass die Souveränität in Zeiten der Globalisierung und des Ausbaus regionaler Strukturen ohnehin nur noch eine Illusion sei. Mit all diesen Aspekten wird man sich befassen müssen. Darob darf man indessen nicht kleinmütig und pessimistisch werden, und man darf vor allem nicht vergessen, dass unsere Eidgenossenschaft in vielen Belangen ein «Erfolgsmodell» darstellt.

Es ist unserer mehrsprachigen Willensnation gelungen, seit der Gründung des Bundesstaates 1848 ihre Einigkeit und ihre Unabhängigkeit zu bewahren. Das ist entgegen der Auffassung von gewissen Historikern und anderen Berufenen eine echte und grosse Leistung. Die Neutralität und die dazugehörigen glaubwürdigen Verteidigungsanstrengung haben dabei ganz wesentlich geholfen. Die staatlichen Strukturen gemäss dem Prinzip von unten nach oben («bottom up») und der Föderalismus haben sich bewährt. Das Volk ist der Souverän, und die direkte Demokratie ist eine wirksame Sicherung gegen allfällige politische und finanzielle Entgleisungen. Die öffentlichen Finanzen sind gesund. Dank liberalen Rahmenbedingungen und dank der Leistungsbereitschaft der Menschen hat sich die Wirtschaft zu nachhaltiger Blüte entwickelt. Der einzigartige schweizerische Arbeitsfriede hilft dabei wesentlich. Die Industrie liefert Spitzenprodukte. Ob der gegenwärtigen Bankenproblematik sollte man punkto Finanzdienstleistungen den überaus positiven Beitrag der Versicherungen nicht vergessen. Ganz allgemein stehen die Dienstleistungen auf hohem Niveau. Das Bildungswesen liefert eine adäquate Vorbereitung auf das wirtschaftliche und soziale Zusammenleben. Die Hochschulen und viele Unternehmungen sichern der Schweiz einen hohen Stellenwert hinsichtlich Grundlagen- und angewandter Forschung. Die Anzahl pro Kopf registrierter Patente ist eine der weltweit höchsten. Bahn, Post, Telekommunikation, Infrastruktur ganz allgemein funktionieren bestens. Sozial- und Gesundheitswesen sind leistungsfähig. Kurz: Leistung, Konsens, Stabilität, Sicherheit ermöglichen einen hohen Lebensstandard.

Diese unvollständige Aufzählung erinnert daran, dass die Schweizerinnen und Schweizer sich als privilegiert betrachten können, die Schweiz zur Heimat zu haben. Zahlreiche Schweizer sind ausgewandert, haben aber meist eine starke Bindung an die Heimat behalten. Die modernen Menschen reisen viel, kommen aber nach spannenden Erfahrungen in fremden Gefilden immer gerne wieder nach Hause in die Schweiz, wo eben der Zug pünktlich fährt. Es kommt nicht von ungefähr, dass zahlreiche Ausländer sich in der Schweiz niederlassen, wo sie Arbeit finden und in vielen Fällen einen höheren Lebensstandard geniessen als in ihrer Heimat.

Dies alles sollte man sich stets vor Augen halten. Ohne Überheblichkeit, aber mit Dankbarkeit und angemessenem Selbstvertrauen dürfen wir festhalten, dass die Schweiz nicht nur dank ihrer Geschichte und ihrer vielfältigen schönen Landschaft, sondern eben auch dank ihrer Leistungen in der Vergangenheit und in der Gegenwart eine Heimat und einen Aufenthaltsort bietet, der jedem Vergleich standhält. Dies möchten doch wohl alle, die in diesem Lande leben, auch für die Zukunft erhalten und positiv weiterentwickeln.

Die vorliegende Schrift ist in dieser Geisteshaltung konzipiert worden. Sie will Bürgerinnen und Bürgern Informationen liefern, die bei der persönlichen Meinungsbildung helfen sollen. Ohne gewissermassen «abrechnen» zu wollen, sollte man sich mit den in der letzten Zeit eingetretenen Entwicklungen und mit der Gegenwart auseinandersetzen. Dabei sollte man neben kritisierbaren Aspekten all die erwähnten ausserordentlich positiven Elemente in die eigene Beurteilung einfliessen lassen. Aus allem kann man eine Bilanz ziehen und sich den nötigen Willen bilden, bei der Gestaltung der Zukunft – sei es an verantwortlicher Stelle oder ganz einfach als für das Wohl des Landes stets mitverantwortliche Mitbürgerinnen und Mitbürger – aufbauend mitzuwirken. So wird es gelingen, die Spreu vom Weizen zu scheiden. So wird es gelingen, wirklich Unbrauchbares aufzugeben, heute und für die Zukunft Gültiges zu bewahren und die gebotenen Neuerungen vorzunehmen. Und so wird es schliesslich gelingen, der Schweiz für lange Zeigt eine solide Existenz zu sichern.

Anhang 1

Die 3x5er-Regel

Hier wird auf eine empirisch gewonnene Regel Bezug genommen, die im VBS (früher EMD) mehrfach beobachtet werden konnte. Und zwar wurden immer wieder Reformen beschlossen, die zunächst revolutionär sein wollten. Auf diesen Beschluss folgte eine fünfjährige Phase der inszenierten Euphorie, während der die Neuerung gut zu sein hatte und Gegner diffamiert wurden.

Übergang von der zweiten…

Die nächste Fünfjahresphase war geprägt von Durchhalteparolen und Ernüchterung, die zunehmend in betretenes Schweigen übergingen. Danach kam es zum klammheimlichen Entschluss, zurückzurudern und eine neue Lösungsvariante für das ursprüngliche Problem zu suchen. Zusätzlich wurden Schuldzuweisungen vorbereitet.

… zur dritten Phase

Nach weiteren fünf Jahren wurde eine Lösung vorgelegt, die im wesentlichen die Charakteristik des Zustandes zum Zeitpunkt Null hatte, aber nach 15 Jahren wieder als Nonplusultra dargestellt werden konnte. Die Zeitdauer von 15 Jahren bot jeweils den zusätzlichen Vorteil, dass alle früheren Befürworter nicht mehr beleidigt werden konnten, da «ausgemustert».

Nachrichtendienst als Beispiel

Ein klassisches Beispiel für die 3x5er-Regel ist die Zerstörung unseres integralen Nachrichtendienstes Una im Jahre 1995, der dann im Jahre 2010 wieder zusammengefasst wurde, wobei aber für die Führung nicht mehr nachrichtendienstliche Ausbildung und Erfahrung gefragt waren, sondern vor allem

Kenntnis der Bundesverwaltung (siehe Kapitel 7.5). Es gibt mehrere solche Beispiele.

Auch Armee XXI gehorcht 3x5er-Regel

Die Armee XXI ist mittlerweile in die zweite Phase, die Phase betretenen Schweigens, der Ernüchterung und der Durchhalteparolen, eingetreten. Zeitpunkt Null war 2003 mit der seinerzeitigen Armee XXI-Abstimmung. Es kann also damit gerechnet werden, dass bis circa 2013 der Entschluss gefasst werden wird, das Experiment Armee XXI verschwiegen abzuräumen.

Entstand die Armee XXI revolutionär und bewusst durch integralen Bruch mit vielen früheren Prinzipien – durch eine Politik der verbrannten Erde sozusagen –, so kann eine Folgearmee auch wieder nur durch revolutionäre Neugestaltung geschaffen werden, weil es einen Weg zurück nicht mehr gibt.

Inzwischen ist bereits starkes Donnergrollen hörbar, das ohne Zweifel das Ende der Phase 2 ankündigt: Die WEA (Weiterentwicklung der Armee). Vorläufig beansprucht dieses Dokument noch Neuigkeitswert und macht unhaltbare Versprechen. Auf leisen Sohlen wird aber im nächsten Jahr die Übung Armee XXI wohl definitiv abgebrochen werden.

Die eigentliche Phase 3 wird aber voraussichtlich nicht fünf, sondern mindestens 15 bis 20 Jahre dauern, was bedeutet, dass die Schweiz erst dann für ihr gutes Geld mit der Armee wieder ein Stück Sicherheit erhält.

Damit wäre aus der ursprünglichen, empirisch gewonnenen 3x5er-Regel bereits eine (2x5)+15er-Regel geworden!

Anhang 2

Schwarzbuch I der Gruppe Giardino (Auszug)

Unter dem Titel «Schwarzbuch» veröffentlichte die *Gruppe Giardino* am 7. Februar 2011 eine breit angelegte Studie über den Zustand des militärischen Arms unserer Sicherheitspolitik, letztlich unserer Armee – mit der Absicht, eine tabufreie Diskussion über dieses Thema anzustossen. Die Aussagen der Studie stützten sich im wesentlichen auf Informationen aus dem VBS selbst, das dieses der *Gruppe Giardino* mit seinen Antworten auf ihren Fragenkatalog vom 6. Dezember 2010 zur Verfügung gestellt hatte.[126]

Die Auswertung dieser Informationen des VBS erlaubte erstmals eine Gesamtbeurteilung der Fähigkeiten der Schweizer Armee 2011. Unweigerlich führte letztere zur Frage, wie und ob der Volkswille bezüglich der Bundesverfassungsartikel 57 (Sicherheit) und 58 (Armee) durch die verantwortlichen politischen Behörden noch berücksichtigt wird. Die Angaben des VBS belegten nämlich zweifelsfrei, dass die Schweizer Armee 2011 über keine einsatzbereiten Kampftruppen mehr verfügte. Doch eine Armee, die nicht kämpfen kann, ist überflüssig!

Auch subsidiäre Einsätze nur noch knapp möglich

Nach mehrmonatiger Nachschulung könnten höchstens zwei Kampfbrigaden ausgerüstet und zur Kriegsbereitschaft gebracht werden. Zwar werden auf dem Papier weitere vier Kampfbrigaden ausgewiesen, ihre Einsatzbereitschaft wird aber mangels Ausrüstung gemäss VBS nicht erreicht werden können. Dies insbesondere weil grosse Materialmengen ungesetzlich vernichtet wurden.[127]

---

126 Die Fragen und Antworten sind auf der Website www.gruppe-giardino.ch einsehbar

127 Vgl. Kapitel 8

Ausser für begrenzte subsidiäre Einsätze ist aus dem Stand heraus kein Armeeeinsatz, auch kein Grosskatastrophen-Einsatz mehr möglich, da die zugehörige Mobilmachungsorganisation ersatzlos aufgehoben wurde. Die innere Sicherheit der Schweiz verschlechtert sich laufend und ist bereits heute angesichts aktueller Bedrohungen wie Terrorismus oder gewaltbereiter Aktivisten- und Einwanderergruppen auf einem schon lange nicht mehr dagewesenen tiefen Stand. Dies gilt auch für die Abgrenzung zwischen Bund und Kantonen.

Wer übernimmt Verantwortung?

Noch nie seit der Gründung des Bundesstaates im Jahre 1848 war eine Schweizer Armee weiter von der geforderten Einsatztauglichkeit entfernt als die heutige. Noch nie hat sich ausserdem eine Nation so nachhaltig selber und freiwillig entwaffnet wie die Schweiz in den vergangenen Jahren.

Das Experiment Armee XXI ist also grandios gescheitert! Es wird interessant sein zu erfahren, ob jemand für dieses niederschmetternde Resultat die politische Verantwortung übernimmt, und wenn ja mit welchen Begründungen.

Generalinspektion gefordert

Die *Gruppe Giardino*, eine Vereinigung politisch unabhängiger Verfechter einer starken Schweizer Armee, hat seit ihrem ersten Gang an die Öffentlichkeit stets drei Dinge gefordert:

- Erstens sei ein sofortiges Moratorium für die Vernichtung von schweizerischen Rüstungsgütern aller Art zu erlassen, bis endgültige Klarheit über deren weitere Verwendungsmöglichkeit herrscht.
- Zweitens sei der Fragenkatalog aus dem Manifest zu beantworten.
- Drittens sei eine Generalinspektion (Due Diligence) der Schweizer Armee 2011 durchzuführen – mit dem Ziel herauszufinden, was seit dem Umbaubeschluss vom 18. Mai 2003 an Substanz und an Kampfkraft noch

übriggeblieben ist und inwieweit die diversen Volksbeschlüsse umgesetzt worden sind.

Aufschlussreiche Antworten

Zwar hat das VBS mit Datum vom 6. Dezember 2010 einen Teil der Fragen der *Gruppe Giardino* vordergründig beantwortet, aber unvollständig, höchst widersprüchlich und insgesamt unbefriedigend. An ein Vernichtungsmoratorium für Rüstungsgüter denken die verantwortlichen Instanzen ebenso wenig wie an seine Legalisierung. Die Beauftragung unabhängiger schweizerischer Experten mit einer Bestandsaufnahme über den Zustand der Armee als Ganzes wird nicht erwogen. Stattdessen wird gebetsmühlenartig weiterhin behauptet, der Umbau der Armee zu einer modernen Streitkraft sei auf guten Wegen, die Mannschaft motiviert und die zugewiesenen Aufträge würden vollständig erfüllt. Zwar gebe es noch einige Problemfelder, aber diese seien erkannt und die Behebung im Gange.

Zusammen mit der Faktensammlung, die jedermann zugänglich ist, und den vom VBS freigegebenen Informationen kann aber trotzdem ein realistisches Gesamtbild des Zustandes der Schweizer Armee 2011 erstellt werden. Ärgerlich und beschämend ist der Umstand, dass die nachfolgende Beurteilung auch vom Ausland mit Erstaunen zur Kenntnis genommen wird.

Es zeigt sich daher dasselbe Bild wie bereits 1871, 1914 und 1939. Wer dreimal in seiner Geschichte so unglaubliches Glück hatte, wird es wohl auch ein viertes Mal haben, scheinen die Politiker zu denken, und wie immer werden sie wohl dieses unglaubliche Glück der eigenen politischen Leistung zuschreiben. Die Sicherheitslage der Schweiz teilt sich noch stärker als bisher auf in eine äussere Bedrohungsmöglichkeit konventioneller Art und eine innere Sicherheit mit asymmetrischem Charakter.

Wirtschaftskrieg im Gange

Wenn gleichzeitig gewisse Kreise offensichtlich gegen den Euro spekulieren und damit den Schweizerfranken in eine Aufwertung treiben, so ist dies ebenfalls Wirtschaftskrieg, und wenn der luxemburgische Vorsitzende der Euro-Gruppe die Schweiz einen weissen Fleck auf der europäischen Landkarte nennt, der ausgemerzt werden sollte, und erstaunt und beleidigt reagiert, wenn er darauf hingewiesen wird, dass vor 70 Jahren schon einmal jemand denselben geographischen Vergleich benutzte, um Kriegsrhetorik zu betreiben, so ist dies als Zeichen an der Wand zu deuten. Obwohl der schweizerische Bundesrat einmal mehr in einer typischen Krisensituation nicht realisiert, was geschieht, und mit vielen Zungen spricht, gehört auch der genannte Vorgang auf die Frühwarnliste der Strategen. Der «Kampf ums Eingemachte» ist lanciert!

Konzentration auf wahre Prioritäten

Themen wie «Cyberwar» sind keine reine Armeeangelegenheit. Der Begriff existiert seit 1993. Wenn der Aufbau einer Cyberwar-Truppe – die Rede war von bis zu 600 Mann im Jahre 2012 – ins Auge gefasst wurde (Neue Zürcher Zeitung vom 9. September 2007), so zeigt dies den grossen Grad an Verunsicherung bezüglich den wahren Prioritäten unseres Wehrwesens und lenkt von der Abarbeitung der eigentlichen Hausaufgaben ab. In der Schweiz kümmert sich die Melde- und Analysestelle Informationssicherheit Melani (www.melani.admin.ch) um die kritischen Informationsinfrastrukturen. Informatiksysteme der Bundesverwaltung, auch des VBS, sind schon seit längerer Zeit und immer noch Ziel von Hackerangriffen.

Krisen der jüngeren Vergangenheit

Welches war die EU-Rechtsgrundlage, als im Jahre 1999 die grossen EU-Länder einseitig gegen das kleine Österreich Sanktionen mit grossen wirtschaftlichen Schäden verhängten, nur weil einigen sozialistisch regierten Grossmächten innerhalb der Europäischen Union der Ausgang von demokratischen Parlamentswahlen in Österreich nicht passte? Die Regierung von Bundeskanzler Schüssel wurde europaweit geschnitten. In der Schweiz jedoch wurden er und seine Aussenministerin, Frau Ferrero-Waldner, mit den gebührenden Ehren empfangen. Wieso will sich Österreich nicht daran erinnern?

Wer weiss schon, dass schon einmal in einer Krisensituation der französische Präsident Mitterand die Nerven verlor und dem deutschen Bundesaussenminister Genscher offen mit Krieg drohte, um ihn gefügig zu machen? Und zwar sagte er zu diesem: «Wenn die Einheit Deutschlands vor der Schaffung einer europäischen Einheit realisiert wird [...] wird das in einem Krieg enden!»[128] Wenn gestandene Politiker und Staatsmänner solche Aussagen machen, so geschieht dies kaum zufällig, sondern dahinter werden wohl schon gewisse Gedankenspiele stehen. Dies dürfte auch für den ehemaligen deutschen Finanzminister und Kanzlerkandidaten im Jahre 2012 mit seiner Kavallerie gelten. Damals wie heute brauchen Frankreich und andere Länder die Stütze der grossen EU und einer Gemeinschaftswährung (Euro), um wirtschaftlich nicht abzustürzen.

Innere und äussere Bedrohungsszenarien

Die Sicherheitslage der Schweiz teilt sich also auf in eine äussere Bedrohungsmöglichkeit konventioneller Art und eine innere Sicherheit. Spätestens seit den unqualifizierten Angriffen der Bergier-Kommission weiss die offizielle Schweiz auch, was Informationskrieg bedeutet, geht die Aufgabe aber noch nicht zielstrebig an.

In einem Konflikt gemäss Kapitel 11 dieses Buches hätte die Schweiz keine Chance, zeitgerecht ihr Verteidigungspotential wieder auf das verfassungsmässige und militärisch notwendige Niveau zu steigern. Nachdem auch die übrigen Europäer

---

[128] Attali Jacques. C'était François Mitterand. Paris: Fayard 2005 (Übers. *Gruppe Giardino*)

abgerüstet haben, könnte sich genau derselbe Krieg auf europäischem Boden einfach unter aussereuropäischen Mächten abspielen, aber mit Rechnungsstellung an die Europäer, insbesondere an die Schweiz.

In diesem Zusammenhang sei an 1799 erinnert:

«[…] Chaos [herrschte] in der Schweiz. Von eigenem Stolz auf Demokratie und Freiheit keine Spur: Fremde Armeen kämpften auf dem Boden der verdattert zusehenden Schweizer […] und frassen dabei das halbe Land leer.»[129]

Zur inneren Sicherheit

Hier ist zunächst anzumerken, dass erstaunlicherweise bei der Konzeption der Armee XXI «Nine Eleven» nirgends Spuren hinterlassen hat. Die Geschichte der Menschheit ist immer auch eine Geschichte von Wanderbewegungen! Die Gewaltbereitschaft verschiedener Gruppen, nicht nur von Einwanderern, hat zugenommen. Eine grosse schweizerische Tageszeitung schätzte unlängst die Szene der Linksextremen in der Schweiz auf gut 2000 Personen, von denen 1000 gewaltbereit seien. Im Jahre 2009 wurden dieser linksextremen Szene 127 gewalttätige Aktionen angelastet, der etwa gleich grossen Szene der Rechtsextremen nur deren 32:

«Die Spur von Gewalt linksextremer Kreise ist lang. Zuletzt waren vor allem sogenannte Öko-Anarchisten aktiv. Dabei wird auch die Gefährdung Unbeteiligter in Kauf genommen. Die Militanz von sogenannt autonomen Kreisen wird häufig unterschätzt.»

Hinweise lassen vermuten, dass ein Hintergrundnetzwerk gezielt Mobilmachungsübungen durchführt und eher zufällig an bestimmten Anlässen ausprobiert wie Sportanlässen oder Politveranstaltungen wie etwa solchen im Albisgüetli. Das Ziel dieser Kreise scheint zu sein, bestehende demokratische

129 Looser Gaudenz. Suworows Weg durch die Schweiz. Glarus: Baeschlin 1999

Strukturen zu erschüttern. Dabei versuchen diese Aktivisten mit asymmetrischen Mitteln, die Sicherheitsorgane (Polizei, Armeen) zu destabilisieren. Durch grosse Mobilität und skrupelloses Vorgehen hindern sie die Ordnungskräfte daran, ihre Kraft zum Tragen zu bringen, und verweisen sie auf den allerdings nur einseitig anzuwendenden Rechtsweg. Sie spielen «Katz und Maus» mit den Ordnungskräften. Es besteht durchaus Grund zur Annahme, dass sich die friedvolle Zeit seit dem Ende des Zweiten Weltkrieges – der längsten der Geschichte – allmählich ihrem Ende zuneigt.

Das Unruhepotential in vielen Nachbarländern ist schon beträchtlich. In vielen europäischen Städten gibt es bereits heute Zonen, die zu betreten man Touristen abrät, sogenannte «No-go-zones», weil sie durch die zivilen Sicherheitskräfte nicht kontrolliert werden können. Dies könnte dazu beitragen, die Regierungen dieser Länder zu bewegen, ihre soziopolitische Unrast in die Schweiz zu exportieren.

Armeebestände 2011

In folgender Tabelle hat die *Gruppe Giardino* eine Übersicht der Organisation, Bestände und Einsatzbereitschaft der Schweizer Armee im Jahr 2011 zusammengestellt. Dabei wurde ausschliesslich auf vom VBS selbst publizierten Zahlen basiert:

	Armee 61 (01.01.1990)	Armee 95 (01.01.1995)	Armee 2011 (01.01.2011)
Effektivbestand (AdA)	781 500 (100%)	426 000	184 000 (23,5%)
Geleistete Diensttage in Millionen	12–13,5	7,2	6,4
Kampfverbände Heer[1] (ohne Territorialformationen)	30	29	9
Davon ausgerüstet[2]	30 (100%)	29	2[3] (6,6%!)
Territorialformationen	nicht vergleichbar		4[4]
(Generals-) Sterne für höhere Stabsoffiziere	124 (100%)	113	65 + 9[5] (60%)
Ausgaben für militärische Landesverteidigung in Milliarden Franken	5,6	5,5	4,4
Kampfpanzer/mobile Artillerie/ Kriegsflugzeuge	600/800/260	730/780/150	191/138/87[6]
Kampfinfrastruktur	16000 Objekte	teilliquidiert	totalliquidiert
Einsatzbereitschaft erreicht	aus dem Stand	aus dem Stand	nicht geplant[7]
Volle Kriegsbereitschaft erreicht	nach 3 Wo	nach 3 Wo	nach 3 bis 6 Mt.?

Tabelle 4 *Organisation, Bestände und Einsatzbereitschaft der Schweizer Armee (alle Zahlen gemäss VBS)*

1 Fähig zum Kampf der verbundenen Waffen

2 Laut Armeebericht 2010, S. 22

3 Materialbeschaffung für Vollausrüstung der Armee aus Quelle nicht ersichtlich (Bericht des Bundesrates an die Bundesversammlung über die Sicherheitspolitik der Schweiz. 6/2010, S. 5)

4 Territorialregimenter, jedoch gegenüber früher ohne Kampf- und Logistikmittel

5 Ausser den 65 Sternen für höhere Stabsoffiziere wurden neun zusätzliche geschaffen: fünf für Verteidigungsattachés, zwei für Vertreter der Armasuisse und zwei für Cyberwar-Projektleiter (1 Stern = Brigadier, 2 Sterne = Divisionär, 3 Sterne = Korpskommandant). Man beachte: Während die Bestände um 76,5% abgebaut wurden, wurden die Generalssterne nur um 40% abgebaut. Im gleichen Zeitraum wurden die einsetzbaren Kampfverbände um 93% abgebaut

6 Nur Jäger. Die Fähigkeit zum Erdkampf, das heisst zur Unterstützung der kämpfenden Truppe (Kampf der verbundenen Waffen) und zur Luftaufklärung, ist nicht mehr vorhanden. Eigentlich ist fast nur noch Luftpolizeidienst (Air Policing) möglich.

7 Keine Mobilmachungsorganisation und keine geplante Materialdezentralisation

An dieser Stelle ist in Erinnerung zu rufen, was Einsatzbereitschaft früher bedeutete, nämlich: Munition gefasst, Fahrzeug aufgetankt, bereit zu Feuer und Bewegung. Die Erreichung einer vollen Kriegsbereitschaft ist natürlich nur für die schon voll ausgerüsteten Brigaden möglich, dass heisst bis auf weiteres nur für deren zwei, und dies auch erst nach sehr langer

Vorbereitungszeit. Für die Wiedergewinnung der aufgegebenen Fähigkeiten in den Bereichen Mobilmachung, Erdkampf und Luftaufklärung der Luftwaffe, die für eine Armee erfolgsentscheidend sind, muss ein Zeitraum von zehn Jahren veranschlagt werden! Dabei hat dieser seinerzeitige Verzicht nicht einmal zu relevanten Einsparungen geführt.

Heutigen WK-Verbänden der Pranzerbrigaden sind für die persönliche Schiessausbildung gerade einmal fünf Gewehrpatronen pro Mann zugeteilt. Mit dem ganzen WK-Kontingent an Treibstoff können die Fahrzeuge einmal circa halb aufgetankt werden.

Verbände in Modulbausteine umfunktioniert

2011 vernebelt das VBS ehemals klare Begriffe beispielsweise so: «Die Grundbereitschaft entspricht nicht der Einsatzbereitschaft. Die Armee als Ganzes ist in einem Zustand der Grundbereitschaft.»[130] Und weiter: «Primäraufträge im Sinne der Armee 61 oder Armee 95 existieren seit dem Entwicklungsschritt 08/11 nicht mehr. Jeder Verband hat einen sogenannten Modulbaustein (MBS), in welchem sämtliche Aufgaben detailliert beschrieben sind. Ab dem 1. Januar 2011 werden sämtliche Verbände ausschliesslich nach diesen MBS ausgebildet.»[131]

Nachdem mit dem ersatzlosen Wegfall der Mobilmachungsorganisation die Verbände nicht mehr aus dem Stand zum Einsatz gebracht werden können, ist ihre Ausbildung soweit heruntergefahren worden, dass auch im Laufe mehrerer Monate keine Kriegsbereitschaft mehr erreicht werden kann. «Bei der Konzeption der Armee XXI ist die Wichtigkeit beziehungsweise Priorität des Verteidigungsauftrages relativiert worden. Deshalb gibt es auch keine Verteidigungskonzepte

---

130 Bericht des Bundesrates an die Bundesversammlung über die Sicherheitspolitik der Schweiz. 6/2010, S. 5

131 A.a.O. S. 15

für die ganze Armee», schreibt das VBS.[132] Hier müsste das VBS auch noch beifügen, dass es auch keine Konzeption für die innere Sicherheit mehr gibt, die die frühere bewährte und eingespielte Gesamtverteidigungskonzeption ersetzt hätte.[133]

Kriegsvorräte nicht mehr vorhanden

Alle diese Feststellungen beziehen sich nur auf die beiden Kampfverbände, die vorläufig noch ausgerüstet sind. Eine Ausrüstung der übrigen Kampfverbände zu einem späteren Zeitpunkt ist nicht vorgesehen. Die Vernichtung respektive Entsorgung der Materialdifferenz zwischen 1995 und 2011 ist weitgehend auf ungesetzlichem Wege, aber mit vollem Wissen des Parlamentes zustande gekommen.[134] Die *Gruppe Giardino* schätzt, dass die Wiederbeschaffung dieses Materials einen tiefen zweistelligen Milliardenbetrag kosten dürfte. Kriegsvorräte gibt es praktisch nicht mehr. Das VBS erläutert diese Umstände auf 93 Seiten in schmerzhafter Länge,[135] ohne zu vermerken, dass alle heutigen Schwachstellen früher mehr oder weniger funktioniert haben und das Material modern und in genügender Zahl vorhanden war. Deshalb fürchtet das VBS auch Vergleiche mit früheren Armeen wie der Teufel das Weihwasser!

Die Strategiediskussion: «Ich habe den Verdacht, dass die meisten Strategien immer erst im nachhinein entstehen. Dass man die Summe der richtigen Entscheidungen minus der falschen plus der Zufälligkeiten anschliessend zur Strategie erklärt.»[136]

---

132 A.a.O. S. 16

133 Hilbi Hubert, Divisionär aD. Die innere Sicherheit. In: Allgemeine Schweizerische Militärzeitschrift (ASMZ). Nr. 10/2010, S. 8

134 Vgl. Kapitel 8

135 Armeebericht 2010

136 Diese Aussage stammt von Lothar Späth, dem früheren baden-württembergischen Ministerpräsidenten und späteren Vorstandsvorsitzenden der Jenoptik AG, Jena.

Die gegenwärtige Strategiediskussion zeichnet sich einerseits durch die Verwendung falscher Begriffe wie auch durch deren Verwendung auf einer falschen Denkebene aus. Dies gilt sowohl für den Sicherheitspolitischen Bericht 2010 des Bundesrates als auch für viele Gegendarstellungen.

Strategie hat Vorrang

Am 24. Juni 2010 wurde ein «Bericht des Bundesrates an die Bundesversammlung über die Sicherheitspolitik» genehmigt. Dass der Chef der Armee neuerdings auch strategisch führen will («Truppenführung XXI»[137]), ist erstens falsch, und zweitens ist die zweifelhafte Quelle auch eruierbar, aus der dieser Wunsch plötzlich kam.[138] Ausserdem müsste man sich zuallererst auf die Struktur eines Strategieprozesses ganz allgemein einigen, bevor schon mit der Entwicklung der strategischen Schlussfolgerungen begonnen wird und die dann gleich wieder angereichert werden durch ein Hin- und Herpendeln zwischen Begriffen, die zur strategischen, zur operativen oder zur taktischen Ebene gehören. Es gilt: Structure follows strategy – zuerst die Strategie, dann die Struktur!

Es ist klar, dass bei Eintreffen des schlechtesten Falles, einer Katastrophe wie beispielsweise 1798, im nachhinein niemand die Verantwortung übernehmen wird, da dann andere Diskussionen geführt werden. Das Schicksal der Schweiz wird dann einfach dem Lauf der Geschichte zugeordnet.

Transparenz schaffen als oberste Priorität

Der Bürger meint, dass die Armee nicht dem VBS gehört. Dieses verwaltet sie lediglich. Sie gehört auch nicht der Politik, diese stellt lediglich im Sinne des Obligationenrechts die «Verwaltungsratsausschüsse» (Sicherheitspolitischen Kommissio-

---

137 Bericht des Bundesrates an die Bundesversammlung über die Sicherheitspolitik der Schweiz. Bern 2010, S. 14

138 Strategie Schweizer Armee 2007. Kurzversion. VBS

nen), den «Verwaltungsrat» (Parlament) und dessen «Präsidenten» (Chef VBS). Besitzer der Armee ist der Bürger, der aber kein Mittel hat, eine Sonderprüfung (nach Art. 697 Obligationenrecht) oder ähnliches zu beantragen. Für den Bürger muss zuallererst Transparenz geschaffen und der jetzige Stand offengelegt werden. Über eine Initiative kann er mit sehr grossem Aufwand und mit mehrjähriger Zeitdauer Einfluss nehmen. Dieses Kartell des Schweigens – des Schweigens und Wegschauens – der Politik muss ein Ende haben; es ist eine für schweizerische Verhältnisse einmalige Angelegenheit und fast die einzige Übereinstimmung der politischen Parteien in Sicherheits- und Armeefragen seit dem unseligen Beschluss zur Konstruktion der Armee XXI.

Früher konnte sich für Mitarbeiter des VBS die Frage einer Verantwortlichkeitsklage sehr wohl stellen. Sie wurden mitunter recht hart angefasst, wenn ein Exempel statuiert werden musste, wie die Fälle Jeanmaire und Nyfenegger zeigen. Politiker können auch heute noch eine parlamentarische Untersuchungskommission (PUK) beschliessen. Ohne eine solche sind sie durch die parlamentarische Immunität geschützt.

Das Argument «es nicht gewusst zu haben», kann kein eidgenössischer Parlamentarier für sich in Anspruch nehmen. Interesse für die Bedürfnisse des Landes und damit für die Landesverteidigung vorausgesetzt, hätten schon seit sehr langer Zeit einfache Plausibilitätsüberlegungen und der Vergleich der entsprechenden Nachrichtenlage bei den Politikern die Alarmglocken läuten lassen müssen.

Offene Fragen

Selbst da, wo keine Finanzengpässe oder Doktrinfragen der Kriegstauglichkeit der Armee im Wege stehen, stellen sich folgende zusätzliche Fragen:

- Wie ist die Leistungsfähigkeit der Nachrichtendienste insgesamt und in internationalem Vergleich zu beurteilen?

- Inwieweit erfüllen die Stellenbeschreibungen und Pflichtenhefte der Spitzen der Armee und der Verwaltung die Erfordernisse einer modernen Armee gemäss Bundesverfassung, und inwieweit werden bei Beförderungen diese als Grundlage genommen?
- Könnte man sich vorstellen, dass im Sinne einer «neuen Ehrlichkeit» (Bundesrat Maurer am 8. Oktober 2010 im Schweizer Fernsehen) die Mitarbeiter des VBS dazu gebracht werden könnten, unter sechs und mehr Augen dieselbe Meinung zu vertreten wie unter vier?

Anhang 3

Schwarzbuch II der Gruppe Giardino (Auszug)

Nach der Veröffentlichung des Schwarzbuches I (Anhang 2) hätte die *Gruppe Giardino* eigentlich eine Reaktion des VBS erwartet. Es müsste auch dort klar geworden sein, dass die Kritik an der Armee neuerdings den Courant normal übersteigt.

Doch aufgrund der nicht erfolgten Reaktion des VBS blieb der *Gruppe Giardino* nichts anderes übrig, als mit den nunmehrigen zwei Schwarzbüchern I und II einen Teil der geforderten Generalinspektion der Armee – mit den dargelegten bitteren Wahrheiten – selber durchzuführen. In Bern schien man nun aber eher den Weg des Aussitzens zu wählen, umso mehr als die letztlich verantwortlichen Politiker sich 2011 auf den Wahlkampf zu konzentrieren wünschten und nicht gestört werden wollten.

In Fachzeitschriften wird weiterhin die heile Welt der Schweizer Armee dargestellt. Für deren Redaktoren muss jedoch ein gewisses Verständnis aufgebracht werden, denn sie hängen schliesslich vom Wohlwollen des VBS ab. Einer gegenteiligen Ansicht wird eher kein Raum eingeräumt. Die Abteilung für Öffentlichkeitsarbeit des VBS verhindert wirkungsvoll die nötige Diskussion.

Die Mitglieder der *Gruppe Giardino* haben sehr wohl eine Vorstellung davon, was unter einem brauchbaren Preis-Leistungsverhältnis für unsere Armee zu verstehen ist. Dies umso mehr, als zunehmend auch junge, noch aktive Offiziere zu unseren Mitgliedern zählen.

VBS-interne Konsequenzen ziehen

Das Schweigen des VBS, der Politik und gewisser Presseerzeugnisse interpretiert die *Gruppe Giardino* als betretene Zustimmung. So tönt es jedenfalls immer wieder unter vier Augen, unter mehr als vier Augen will weiterhin kaum einer der Überbringer der schlechten Nachrichten sein. Nachdem man also bereit ist, die Hiobsbotschaft der materiellen Nichtbereitschaft der Armee zu akzeptieren (Schwarzbuch I) und dafür auch schon wieder eine Legende zur Verfügung hat (angeblich fehlende Mittel!), stellte sich die *Gruppe Giardino* die nächste Frage: Wie steht es denn mit der Kriegsbereitschaft der noch ausgerüsteten Verbände, nachdem das VBS selber seinen Verfassungsauftrag eigenmächtig und willkürlich soweit abgeändert hat, dass der CdA immer noch erklären kann, die Armee erfülle alle ihre Aufträge? Wie sehr ist überhaupt im Verteidigungsbereich gespart worden oder wieweit ist dies einfach nur ein Jammern auf hohem Niveau?

Die Gruppe Giardino ist auch diesen Fragen auf eigene Kosten und mit eigenen Recherchen nachgegangen, ohne dass das VBS Konkretes beigetragen hätte. Dennoch schliessen wir aus vielen Reaktionen und Formulierungen, dass man unsere Arbeiten sehr wohl liest und – eben betreten und stillschweigend – auch gutheisst. Die *Gruppe Giardino* verlangt nichts mehr, als die erwähnte von Bundesrat Maurer verlangte «neue Ehrlichkeit». Dann dürfte der Schweizer Steuerzahler auch bereit sein, die langjährige Reparaturzeit auf sich zu nehmen, die nötig ist, umso mehr als er dann auch erwartet, dass VBS-intern die Konsequenzen gezogen werden. Ankündigungen von Administrativuntersuchungen, denen keine Taten folgen, dürften nicht genügen.

Ideologische Behauptungen statt Fakten

Die nachstehenden Überlegungen mögen für gewisse Beobachter vielleicht bösartig klingen. Doch letztlich wurde die Umsetzung der Armee XXI aus ideologischen und nicht aus rationalen Gründen beschlossen und fand so den Beifall der Armeeabschaffer und der bürgerlichen Politiker, die über den Tisch gezogen wurden. «Ideologie neigt dazu, Tatsachen zu leugnen», stellte vor zwei Jahren die bekannte

Ex-Nationalrätin Suzette Sandoz in der «NZZ am Sonntag» fest.[139]

Erschwerend ist, dass das VBS praktisch keine Anstalten getroffen hat, um die schlimmen Vermutungen der *Gruppe Giardino* zu widerlegen. Stattdessen wiederholt es bereits bekannte ideologische Behauptungen ohne Tatsachengrundlage. Die letztlich verantwortlichen Politiker waren im Wahljahr 2011 auch in erster Linie an Ruhe «an der Armeefront» interessiert und glaubten lieber den Beschwichtigungen des VBS. Somit spielt sich alles weiter auf dem Buckel der noch Militärdienst leistenden Wehrmänner ab. Zum Glück ist deren Einstellung anders, gerade auch bei vielen Angehörigen der jüngeren Generation: Sie versuchen mit viel Hingabe ihre Pflicht zu erfüllen.

Hochsensible Informationen durchgesickert

Das erste Schwarzbuch der *Gruppe Giardino* entstand, weil sich die zuständigen Instanzen weigerten, der Forderung der *Gruppe Giardino* nachzukommen, einen Materialvernichtungsstop zu veranlassen, was nichts gekostet hätte, und eine Generalinspektion des Zustandes des Schweizer Armee 2011 zu veranlassen, welche ohnehin alle interessierten Kreise aus VBS und Politik hätten gebrauchen können. Letzteres hätte die Kakophonie der Meinungen und Behauptungen rund um den Parlamentsbeschluss über den Armeebericht 2010 der Sicherheitspolitiker in geordnete Bahnen lenken können.

Die *Gruppe Giardino* konnte die vom VBS versäumte Aufgabe nur deshalb leisten, weil eigenartigerweise viele hochsensible Informationen im VBS entweder nicht klassifiziert sind oder auf andere Weise in der Öffentlichkeit bekannt wurden. Dies erinnert die *Gruppe Giardino* daran, dass schon früh die Vermutung aufkam, dass Geheimhaltung im VBS nicht mehr rigoros genug gehandhabt werde, nachdem mit der Ar-

[139] NZZ am Sonntag, 3.7.2011

mee XXI plötzlich und als neues Phänomen in der schweizerischen Armeegeschichte Beratungsunternehmen, vor allem auch ausländische, in grossem Stil Aufgaben lösen sollten, für die früher genügend eigene und innovative Kapazitäten zur Verfügung standen.

Weniger Leistung bei gleichbleibenden Ausgaben

Nachfolgend wird gezeigt, dass sich die Ausgaben für die Landesverteidigung – trotz häufigen gegenteiligen Beteuerungen – zwischen 1990 und 2009 nicht wesentlich verändert haben. Wo angeblich gespart worden sein soll, ist nicht ersichtlich. Setzt man diesen Zahlen die im selben Zeitraum dramatisch abgefallene Armeeleistung entgegen (siehe unten), so kann sich jeder Leser selbst davon überzeugen, wie fadenscheinig das stets gehörte Argument der Kosten offensichtlich ist.

Jahr	Mrd. Franken	Jahr	Mrd. Franken
1990	6,052	2001	4,956
1991	5,89	2002	4,788
1992/1993	keine Angaben	2003	4,700
1994	5,078	2004	4,641
1995	5,856	2005	4,693
1996	4,799	2006	4,541*
1997	5,455	2007	4,580**
1998	5,399	2008	4,636**
1999	4,988	2009	4,500***
2000	5,004	2011	4,413***

* gemäss Voranschlag / ** gemäss Finanzplanung / *** gemäss Armeebericht 2010, S. 37

Tabelle 5 *Ausgaben für Landesverteidigung im Beziehungsfeld des Bundes 1990–2011*

Erste Konkurserklärung

Dass unsere Armee bis auf weiteres nicht mehr mobilmachen kann, wie BR Maurer am 7. Mai 2011 in Sempach selber erklärte, ist die erste Konkurserklärung unserer Armee. Die «Arbeitsgemeinschaft für eine wirksame und friedenssichernde Milizarmee», der auch die *Gruppe Giardino* angehört, hat kürzlich formuliert, was Mobilmachungsfähigkeit heisst: «Innert Stunden soll eine sehr grosse Anzahl Soldaten» verfügbar sein. Davon haben alle Entscheidungsinstanzen «Kenntnis durch Weghören» genommen. Auch angebotene Ersatzlösungen sind nicht überzeugend.

Nach Erscheinen des Schwarzbuches I sind uns viele Diskussionsbeiträge, aber auch sonstige Hinweise zugegangen, die plötzlich ein zwar vermutetes, aber dennoch neues Licht auf die Einsatzbereitschaft unserer Armee geworfen haben. Für die «mechanisierten und leichten Truppen» beispielsweise wurde gemeldet, dass ab Einrückungszeitpunkt mit folgenden Zeitspannen gerechnet werden muss, bis Kriegsbereitschaft vorliegt:

- Aufklärungszug 13 Wochen
- Panzerzug 14 Wochen
- Panzergrenadierzug 20 Wochen

Zweite Konkurserklärung

Andere Waffengattungen dürften kaum zu besseren Werten kommen. Unsere frühere Aussage, wonach volle Kriegsbereitschaft nicht mehr innert dreier Wochen erreicht wird, wie früher, sondern erst nach drei bis sechs Monaten, ist somit offiziell bestätigt. Dies ist die zweite Konkurserklärung des jetzigen Systems! Übertüncht wird dieser gravierende Sachverhalt durch die neue Legende (noch eine Legende!), dies sei immer schon so gewesen, und die «Alten» würden die Vergangenheit nur verklären. Kommandanten der Armee 61, die genau dieselben Verbände führten, die immer noch das Rückgrat der Armee 2012 bilden, werden diesen Sachverhalt unisono widerlegen können. Hier kommt ein gravierender Verlust an Know-how im VBS zum Vorschein, der nicht zuletzt dadurch entstanden ist, dass es heute möglich ist, wichtige Führungsstufen in der Armee zu überspringen, und überhaupt ist ein Widerwille entstanden, von den Erfahrungen aus früheren Jahrzehnten zu lernen. Man fühlt sich sicher, nie einen Stresstest bestehen zu müssen.

Kampfwertvergleich der Armeen

Was das verbliebene Häufchen an Armeematerial im Gefecht noch zu leisten im Stande wäre, einmal vorausgesetzt, dass es überhaupt zum Einsatz kommen kann (siehe oben), war die nächste Frage, die wir uns stellten. Dabei erinnerten wir uns an eine Methode, die früher während einer bestimmten Phase der Armeeentwicklung gebraucht wurde, die Kampfwertmethode. Sie wurde seinerzeit von Oberst im Generalstab Bruno Nüsperli (ehemals Stab Felddivision 5) entwickelt und von einem Generalstabschef und einem Stabschef operative Schulung unterstützt und später ebenso von einem anderen Stabschef operative Schulung ins Archiv verbannt. Bruno Nüsperli kannte die Grenzen dieser Methode sehr wohl. Diese sind von Leuten hochgespielt worden, die sich nie die Mühe genommen hatten, die Grundphilosophie zu verstehen. Als Turngeräte (Simulatoren sozusagen) könnten sie auch heute noch nützlich sein, eine programmierbare Gefechtsführung war aber nie das Ziel. Für das Training von taktischen Entscheiden werden auch heute wieder (computergestützte) Simulatoren eingesetzt, zum Beispiel das Eltam in Thun. Dasselbe gilt für die Ausbildung von zivilen Führungskräften an Business Schools mittels Unternehmenssimulatoren, und dies ebenfalls mit gutem Erfolg.

Kartell des Schweigens

Es ging uns also erstens um die Erfassung der Kampfmittel, die für den Erdkampf (des Heeres) und für den Luftkampf (der Luftwaffe) von Bedeutung sind. Verglichen wurden die Jahre 1992 und 2011. Für 1992 sind die Mittel noch jederzeit abrufbar, für 2011 müssen die Zahlen mühsam zusammengetragen werden. In einem zweiten Schritt wurden Kampfwerte für die relevanten Mittel definiert, wobei lediglich darauf geachtet wurde, dass sie untereinander in einem sinnvollen Verhältnis standen. Da damit kein dynamischer Einsatz stattfinden soll, spielen hier andere Kriterien, die das Gesamtresultat in Frage stellen könnten wie etwa das Gelände, keine Rolle.

	KW/St	St. 1992	KW 1992	St. 2011	KW 2011
Kampfpanzer duellfähig	15	420	6300	134?	2010
Dito nicht duellfähig	6	400	2400	—	—
Schützenpanzer 93	4	300	1200	521	2084
Schützenpanzer CV 90	6	—	—	186	1116
Panzerjäger	8	279	2232	110	880
Panzerabwehr Lwf Dragon	4	700	2800	—	
Panzerhaubitzen	10	504	5040	133?	1330
Festungsgeschütz	10	300?	3000	—	—
Mittlere Flab-Kanonen	6	168	1008	24	144
Leichte Flab-Kanonen	5	189	945	—	—
Jagdbomber Hunter	15	80	1200	—	—
Erdkampf (Heer)			**26125**		**7564**
Mittlere Flab-Kanone	8	154	1232	24	192
Leichte Flab-Kanone	5	189	945	—	—
Flab Lwf Rapier	8	56	448	40	320
Dito Stinger (Startgeräte)	6	480	2880	96	576
Kampfjet F/A-18	15	34	510	33	495
Mirage III S	10	30	300	—	—
F 5E Tiger	8	100	800	42?	336
Jagdbomber Hunter	4	80	320	—	—
Luftkrieg (Luftwaffe)			**7435**		**1919**

KW = Kampfwert / **St** = Stück

Tabelle 6 *Kampfmittel und Kampfwerte*

Andere Mittel wie Aufklärungsflugzeuge, ältere Kanonen, Lastwagen, Geniematerial, Raketenrohre, sonstige Transportmittel sowie Munition und Kriegsreserven wurden nicht erfasst. Die Datengrundlage obiger Tabelle sind der Armeebericht 2010, das Armeetaschenbuch, das «International Institute for Strategic Studies» in London und ähnliche Quellen.[140] Die gleichwertige Betrachtung für Flugzeuge ist zweifelhaft, ändert aber am Gesamtresultat nichts. Für Flab-Lenkwaffen sind jeweils die Anzahl Startgeräte (Stinger) oder Systeme (Werfer beim Rapier) angegeben, zugehörige Lenkwaffen wurden jedoch in grösserer Zahl beschafft. Das Fragezeichen bei

140 Taschenbücher Schweizer Armee. Frauenfeld: Huber 1981 bis 2010

der Anzahl F 5E Tiger bedeutet, dass diese Angabe fragwürdig ist, weil andere Quellen andere Zahlen als das VBS nennen. Die Vergleichbarkeit zwischen 1992 und 2011 ist insofern gegeben, als die Kampfwerte gleich sind. Über die Festlegung der Kampfwerte kann man unterschiedliche Auffassungen haben, doch die Verhältnisse untereinander sind sicher «nicht sehr falsch» angenommen. Die Ermittlung der noch verfügbaren Stückzahlen war sehr schwer. Für 1992 war dies relativ einfach, für 2011 gibt das VBS nur mit grossen Bedenken Angaben frei. Wir vermuten, dass nicht einmal das VBS selber wirklich Bescheid weiss. Die Stückzahlen für das Jahr 2011 dürften aber ebenfalls «nicht sehr falsch» sein, allerdings eher an der oberen Grenze.

Dramatische Reduktion trotz unverändertem Verfassungsauftrag

Es zeigt sich also erwartungsgemäss, dass die Schwächung der Luftwaffe durch den Wegfall der Jagdbomber Hunter und die starke Reduktion der Kanonenflab auch in der Erdkampffähigkeit des Heeres ihre Spuren hinterlässt. Somit ergibt sich das folgende Gesamtbild für die beiden Jahre 1992 und 2011:

	1992	**2011**
Erdkampfpotential Heer	26 152	7564
in %	100%	29%
Kriegstauglichkeit (3 Wo) in %	100%	0%
Luftkampfpotential Luftwaffe	7435	1919
in %	100%	26%
Kriegstauglichkeit Luftwaffe in %	100%	50%?
Ausgaben Landesverteidigung Bund	~6 Mrd. CHF	~5 Mrd. CHF

Tabelle 7 *Vergleich des Erd- und des Luftkampfpotentials und der Ausgaben des Bundes für die Landesverteidigung in den Jahren 1992 und 2011*

Das heisst, im Jahre 2011 beträgt das Erdkampfpotential des Heeres noch 28%, das Luftkampfpotential noch 27% verglichen mit dem Jahr 1992.

Die Kriegstauglichkeit des Heeres (das heisst die Fähigkeit, mit dem an sich noch vorhandenen Potential überhaupt Krieg führen zu können) muss mit 0 veranschlagt werden und dies bei unverändertem Verfassungsauftrag und praktisch unveränderten Kosten! Bei der Luftwaffe hängt sie einerseits vom Klarstand der Luftkriegsmittel ab, der nie auf 100% gehalten wird (international circa 50%) und geschätzt wurde. Nie gesprochen wird dabei vom überhaupt noch verfügbaren Pilotenbestand. Kriegstauglichkeit hiesse Einsatzbereitschaft aus dem Stand heraus (innert 24 bis 48 Stunden) und eine nochmalige Trainingszeit von der Dauer eines WKs.

Bei allen Abbaumassnahmen wurde nebst Kostensenkungen im VBS zusätzlich und stereotyp immer mit denselben Argumenten operiert, die meistens nicht nachgeprüft werden können. Zunächst mit dem Hinweis auf zu wenig Ersatzteile. Bis zur Beschaffung der F/A-18 wurden immer im Übermass Ersatzteile beschafft. Eine Reduktion der Bestände hätte sogar zu einer Erhöhung der Ersatzteilbestände führen müssen. Die im Vergleich zu den Armeen 61 und 95 viel zu hohen Unterhaltskosten können nur nachvollzogen werden, wenn man weiss, dass die Auslagerung von Unterhaltsaufträgen in grossem Ausmass an Privatfirmen zu konkurrenzlos hohen Preisen erfolgte. Ob sich hier jemand eine goldene Nase verdient, interessiert nicht. Nachdem im VBS-Bereich Personalreduktionen jedenfalls nicht erkennbar sind, wenn die Ausgliederung der Ruag berücksichtigt wird, müssen diese ausgelagerten Unterhaltsstellen ebenfalls berücksichtigt werden.

Vergleiche mit dem Ausland

Es braucht hier wohl kaum noch dargelegt zu werden, dass sich das Streitkräftemodell des Westens, letztlich der Nato, als das Verlierermodell par excellence erwiesen hat, nachdem in der langen Reihe der Kriege, die seit der Wende 1989 insgesamt geführt wurden, nun auch noch der letzte Einsatz (Libyen) zum Flop geworden ist beziehungsweise zu werden droht. Trotzdem starrt das VBS wie gebannt auf diese unechte Option. Eine Orientierung an einem unverdächtigen und leistungsfähigen Modell ist nötig, beispielsweise an Finnland. Die nachfolgenden Informationen stammen aus einem Vortrag vor der Infanteriebrigade 7 im Jahre 2011 durch den finnischen Verteidigungsattaché vom 25. März 2011 und von der finnischen Botschaft in Bern.

	Finnland	Schweiz
Bevölkerung	5,3 Mio. E (2009)	7,6 Mio. E
Fläche	338 145 000 km^2	42 000 km^2
Verteidigungsausgaben	3 Mrd. CHF	~5 Mrd. CHF
Bestände erfasst 2010	430 000 Mann	193 834 Mann
Militärdienstage/Jahr	circa 8 Mio.	circa 6,5 Mio.
Militärisches Berufspersonal	9000	4000–5000 (geschätzt)
Mobilisierbar, ausgerüstet	350 000	2000? (Durchdiener + Berufspersonal)
Heer: Kampfpanzer	230 (T-55, T-72, Leo2)	134 Leo2**
Luftwaffe: Jäger	64 F/A-18 C,D	33 F/A-18 C,D, 53 F-5 E/F
Luftwaffe: Jagdbomber	57 Hawk*	keine

* davon 20 Stück (inklusive Simulator) geliefert durch die Schweiz.
** Im Armeebericht 2010 werden 191 genannt

Tabelle 8 *Vergleich zwischen Finnland und der Schweiz*

Finnlands Armee kennt auch ortsfeste Truppen («Territorial Forces»), die einfache Kampfaufträge ausführen können, dies im Gegensatz zu den schweizerischen Territorialformationen. Die frei verfügbaren Truppen werden «Operational Forces» genannt.

Die allgemeine Wehrpflicht wird in Finnland aus staatspolitischen Gründen nicht diskutiert! Geübt wird nur die Verteidigung, weil der Grundsatz gilt: «Wer die Verteidigung beherrscht, der kann auch alles andere.» Dieses Land betreibt mindestens so komplexe Verteidigungssysteme wie die Schweiz, dazu aber noch eine Kriegsmarine, und man ist sich nicht zu schade, auch älteres Material wie zum Beispiel kampfwertgesteigerte T-55 einzusetzen.

Hinter vorgehaltener Hand Giardino bestätigt

Die *Gruppe Giardino* hat verschiedentlich versucht darzulegen, dass eine Ausarbeitung irgendeines künftigen Armeemodells, das schliesslich auf der Gegenwart (Armee 2011) beruhen muss, nicht möglich ist, ohne diesen Ist-Zustand zu kennen. Es gibt nicht einmal im VBS Einigkeit über die Ausgangslage, ausser dass man hinter vorgehaltener Hand die *Gruppe Giardino* bestätigt.

Eigentlich ist es eigenartig, wie in den letzten Jahren und in jeweils kürzester Zeit und oberflächlich Planungsarbeiten für Armeemodelle in Bern und anderswo aus dem Ärmel geschüttelt werden. Scheingenauigkeit überzeugt offensichtlich die politischen Entscheidungsinstanzen, die wissen müssten, dass früher für dieselben Arbeiten grosse Planungsstäbe Jahre beansprucht haben (Armee 95, Armee XXI). Es entspricht nicht gelerntem militärischem Handwerk, wenn plötzlich sogar auf eine Reserve verzichtet werden soll.

Wenn also schon niemand auf die Forderung der *Gruppe Giardino* eingehen und man den Ist-Zustand weiterhin im dunkeln halten will, so muss eine Eselsbrücke gebaut werden, mit der die Unschlüssigkeit der Entscheidungsinstanzen abgebaut und die Denkhürden überwunden werden können. Das VBS sei anzuhalten, die Kosten darzustellen, die rückwärts gerechnet aufgewendet werden müssten, um aus dem Ist-Zustand Armee 2011 den ursprünglich als «Armee XXI» bezeichneten Zustand herzustellen, denjenigen nämlich, der der letzte ist, der durch einen Volksentscheid gedeckt ist. Alle bisherigen Abrüstungsarbeiten der Schweiz sind widerrechtlich vollzogen worden. Es ginge also sozusagen um eine Rückabwicklung des Entwicklungsschrittes 08/11. Es kann auch als Messlatte die Armee 95, die letzte Armee, die real existiert hat, herangezogen werden.

Nachhaltiges Armeemodell entwickeln

Für die Armee, die am 18. Mai 2003 vom Volk beschlossen wurde, müssten ja schliesslich sämtliche Parameter personeller, materieller, organisatorischer und finanzieller Art im Detail vorgelegen haben, genauso wie für die Armee 95. Ebenso müsste das VBS im Detail wissen, wie sich dieselben Parameter derzeit darstellen. Die *Gruppe Giardino* hofft, hier nicht nachhelfen zu müssen. Also müsste es für das VBS ein leichtes sein, die Differenz auszurechnen, um vom Ist-Zustand 2011 rückwärts wieder zu den Armeemodellen XXI oder 95 zu gelangen. Mit dem damit verbundenen Rückbauaufwand wäre auch die nötige Zeit gewonnen, um in Ruhe und seriös durch VBS-Fachleute, die es immer noch gibt, ein nachhaltiges Armeemodell zu entwickeln, das nicht alle paar Jahre revidiert werden muss.

Mit diesem Vorschlag möchte die *Gruppe Giardino* die Diskussion wieder auf den Boden der Realitäten bringen, ohne das seinerzeitige Armeemodell XXI als Lösung anzuerkennen.

Aus heutiger Sicht wäre die Beibehaltung der Aufbau- und Ablauforganisation der Armee 95 ohnehin die klügste Entscheidung gewesen, wie in Kapitel 12.3 dargelegt, verfeinert lediglich durch Eliminierung gewisser Schwachstellen, beispielsweise in der Ausbildung. Dadurch wären viel Kampfkraft und vor allem sehr viele Kosten gespart worden. Die Armee XXI ist eine Armee, die niemand brauchen kann, nicht die Nato und vor allem nicht unser Land!

Anhang 4
BODLUV – bodengestützte Luftverteidigung

Werner Siegenthaler

Allgemeines
Die Fliegerabwehr/Flab, neu BODLUV (bodengestützte Luftverteidigung), ist das statische Element der Luftverteidigung. Ihre primäre Aufgabe ist der Schutz der Infrastruktur der Armee. Ihre Mittel sind zudem geeignet, die BODLUV in Existenzsicherungs-, Raumsicherungs- und Verteidigungsoperationen zu übernehmen.

Bis Ende der 90er Jahre verfügte die Schweiz über die wohl dichteste Flab der Welt. Über 600 Feuereinheiten, bestehend aus 20mm-Flabkanonen (Leichte Flab), 35mm radargesteuerten Flabkanonen (Mittlere Flab), Rapier (Mob Lwf Flab)- und Stinger (LLwf Flab)-Lenkwaffen, erlaubten einen nahezu flächendeckenden Schutz. Heute sind es noch 160!

Im Zuge der Reduktion der Armeemittel wurde der Bestand schrittweise reduziert auf heute 160 Feuereinheiten. Bestehend aus Einheiten der Mittleren Flab, Mob Lwf Flab und LLwf Flab sind diese Trio-Einheiten in Kampfgruppen zusammengefasst.

Die schrittweise Ablösung der heutigen Trio-Mittel ist in Planung und soll ab 2017 realisiert werden.

Bedrohung
Die Bedrohung gegen Objekte am Boden hat sich mit der fortschreitenden Technologie rasant entwickelt. Bis Mitte der 80er Jahre stand für die Fliegerabwehr die Bekämpfung der meist tief fliegenden Waffenträger im Vordergrund. Heute sind es die Waffen selbst, die bekämpft werden müssen. Der Gegner versucht, seine Waffenträger nach Möglichkeit nicht in das Dispositiv der BODLUV einfliegen zu lassen.

Die asymmetrische Bedrohung nutzt die einfache, unauffällige und kostengünstige Bestückung ziviler (auch ferngesteuerter) Flugzeuge mit Waffen durch nichtmilitärische Akteure. Der Einsatz von Projektilen mit kleinstem Radarquerschnitt, zum Beispiel aus Raketen-Mörsern (RAM-Rocket Artillery Mortar), stellt eine zusätzliche Erweiterung des Bedrohungsspektrums dar. Damit entsteht ein Potential, das durch einen Aggressor ohne Vorwarnung eingesetzt werden kann.

Ballistische Lenkwaffen (Ballistic Missiles) mittlerer und grosser Reichweiten werden zu einer ernstzunehmenden Gefahr für die europäischen Staaten.

Anforderungen/Lücken

Mit den heute noch zur Verfügung stehenden Mitteln ist eine grossflächige Verteidigung nicht möglich. Aufgrund der Bildung von Kampfgruppen wurde die Batterie zur taktischen Einheit (früher Abteilung) zum Beispiel bei der Mittleren Flab. Die Feuerkraft der Batterie wurde verdoppelt. So können aktuell vier Räume oder Achsen oder acht Objekte geschützt werden. Dank des neu realisierten Sensorverbundes der Mittleren Flab ist eine zentrale Feuerleitung zum Beispiel ab Einsatzzentrale oder ab einem beliebigen Standort möglich. Seit Bestehen dieses Verbundes wird die Flab auch in Zusammenarbeit mit dem Luftpolizeidienst eingesetzt. Die zentrale Führung ist insbesondere bei Einsätzen unterhalb der Kriegsschwelle, also in «normalen Lagen» wichtig und muss für alle im Einsatz stehenden Systeme realisiert werden. Eine gravierende Lücke besteht in der Bekämpfung von Raketen-Mörser-Zielen.

BODLUV 2020

Die zukünftige Boden-Luft-Verteidigung – genannt BODLUV 2020 – muss über Wirkfähigkeiten in allen Bedrohungslagen verfügen, um die luftgestützten Mittel zu ergänzen und Objekte und Räume zu schützen. Permanenz und ein Einsatzspektrum von mittlerer Reichweite (Lenkwaffen) bis zur «letzten

Meile» (Kanonen) sind Voraussetzungen für eine glaubwürdige BODLUV zum Schutz und zur Sicherheit des Schweizer Luftraumes. Dabei muss der Abwehr ballistischer Lenkwaffen eine besondere Beachtung beigemessen werden, deren Bedrohung in einem internationalen Wirkungsverbund entgegengetreten werden muss.

Der koordinierte Einsatz der BODLUV-Mittel und der fliegenden Verbände erfordert ein komplettes und fusioniertes Luftlagebild auf der Einsatzstufe «Luft». Technisch wird dies durch eine Vernetzung der Systeme, die zentrale Führung und die ferngesteuerte Feuerauslösung erreicht. Ein erster Schritt in diese Richtung wurde mit dem Sensorverbund der Kanonenflab realisiert. Einsätze mit den Flab-Sensoren anlässlich der EURO 2008, am World Economic Forum (WEF) seit 2008, am Francophonie-Gipfel 2010 und mit einem zusätzlichen Flab-Effektor am WEF 2011 generieren wichtige Erfahrungen bezüglich des künftigen Zusammenspiels von Sensoren, Effektoren und Entscheidungsträgern für BODLUV 2020. Mit BODLUV 2020 sollen der Lage entsprechend eine grössere Anzahl Räume, Achsen und Objekte geschützt werden.

Abkürzungsverzeichnis

A.a.O.	am angegebenen Ort
aD	ausser Dienst
AdA	Angehöriger der Armee
AG	Aktiengesellschaft
AHV	Alters- und Hinterlassenenversicherung
APC	Schützenpanzer (armoured personnel carrier)
ASMZ	Allgemeine Schweizerische Militärzeitschrift
ATGW	Panzerabwehrlenkwaffe (anti-tank guided weapon)
B-1B	Rockwell B-1 Lancer
B-2A	Northrop Grumman B-2 Spirit (Bomber)
B-52H	Boeing B-52 Stratofortress
BODLUV	bodengestützte Luftverteidigung (Fliegerabwehr)
BR	Bundesrat
BSP	Bruttosozialprodukt
BV	Bundesverfassung
BWIS	Bundesgesetz über Massnahmen zur Wahrung der inneren Sicherheit
C VBS	Chef Departement für Verteidigung, Bevölkerungsschutz und Sport
C4ISTAR	C4: Command, control, communications, computers I: military intelligence STAR: surveillance, target acquisition, reconnaissance
CdA	Chef der Armee
CH	Confoederatio Helvetica (Schweiz)
CHF	Schweizer Franken
CSS	Center for Security Studies (an der ETHZ)
CV-9030	Kampfschützenpanzer (Combat Vehicule 90)
CVP	Christlichdemokratische Volkspartei
EDA	Eidgenössisches Departement des Äusseren

EDI	Eidgenössisches Departement des Innern
EDV	elektronische Datenverarbeitung
EFD	Eidgenössisches Finanzdepartement
EJPD	Eidgenössisches Justiz- und Polizeidepartement
EMD	Eidgenössisches Militärdepartement (heute VBS)
ES 08/11	Entwicklungsschritt [der Armee] 2008/11
ETH	Eidgenössische Technische Hochschule
ETHZ	Eidgenössische Technische Hochschule Zürich
EU	Europäische Union
Eudona	EDV-Unterstützung von Dokumentation und Nachrichtenauswertung
EVD	Eidgenössisches Volkswirtschaftsdepartement (seit 1.1.2013 WBF)
FDP	Freisinnig-Demokratische Partei / Die Liberalen
Fed	Federal Reserve System
FIS HE/ FIS Heer	Führungsinformationssystem Heer
Flab	Flugabwehr
Fr.	Schweizer Franken
G-8	Gruppe der Acht (grössten Industrienationen)
G-20	Gruppe der Zwanzig (wichtigsten Industrie- und Schwellenländer)
GSoA	Gruppe Schweiz ohne Armee
i Gst	im Generalstab
I.I.S.S.	International Institute for Strategic Studies, London
INTAFF	integriertes Artillerieführungs- und Feuerleitsystem
JUSO	JungsozialistInnen Schweiz
Kdo	Kommando
KSE	Vertrag über konventionelle Streitkräfte in Europa
LLwf Flab	leichte Lenkwaffen Fliegerabwehr
Lwf	Lenkwaffe
M Flab FE	mittlere Flab Feuereinheit
MDT	Militärdiensttage

Mercosur	Gemeinsamer Markt Südamerikas
MILAK	Militärakademie an der ETH Zürich
Mio.	Million(en)
Mrd.	Milliarde(n)
Mob Lwf Flab	mobile Lenkwaffen Fliegerabwehr
MSC	Mediterranean Shipping Company
Nato	North Atlantic Treaty Organization («Nordatlantik-Pakt»)
Neat	Neue Eisenbahn-Alpentransversale
NR	Nationalrat
NZZ	Neue Zürcher Zeitung
OECD	Organization for Economic Cooperation and Development
OG	Offiziersgesellschaft
OSZE	Organisation für Sicherheit und Zusammenarbeit in Europa
per capita	pro Kopf
PISA	Programme for International Student Assessment
PUK	Parlamentarische Untersuchungskommission
RECCE	Reconnaissance
Ruag	Rüstungsunternehmen-Aktiengesellschaft
sc. techn.	science technology
SCO	Shanghai Cooperation Organisation
SEB	Schutz von zivilen Objekten zur Sicherstellung existenzieller Bedürfnisse
Sifa	Verein Sicherheit für alle
SiK NR	Sicherheitspolitische Kommission des Nationalrats
SiK SR	Sicherheitspolitische Kommission des Ständerats
SiPol	Sicherheitspolitik
SIPOL B	sicherheitspolitischer Bericht
SOG	Schweizerische Offiziersgesellschaft
SP	Sozialdemokratische Partei der Schweiz

SR	Ständerat
SU/RUS	Sowjetunion/Russland
SUOV	Schweizerischer Unteroffiziersverband
SVP	Schweizerische Volkspartei
TTE	Tiger-Teilersatz
UN	United Nations
Uno	United Nations Organisation
UVEK	Eidgenössisches Departement für Umwelt, Verkehr, Energie und Kommunikation
VBS	Departement für Verteidigung Bevölkerungsschutz und Sport
VSWW	Verein Sicherheitspolitik und Wehrwissenschaften
WBF	Eidgenössisches Departement für Wirtschaft, Bildung und Forschung (vorher EVD)
WEA	Weiterentwicklung der Armee
WEF	World Economic Forum (in Davos)
WK	Wiederholungskurs
Ziff.	Ziffer

Namensverzeichnis

I/J

K

L

M

N

O

P/Q

R

S

T

U

V

W

Z

Literatur

Attali Jacques. C'était François Mitterand. Paris: Fayard 2005

Barben Judith. Spin doctors im Bundeshaus. Gefährdung der direkten Demokratie durch Manipulation und Propaganda. Baden: Eikos 2010

Betschon Franz, Betschon Stefan, Lindecker Jürg & Schlachter Willy (Hrsg.). Ingenieure bauen die Schweiz. Technikgeschichte aus erster Hand. Zürich: Verlag Neue Zürcher Zeitung 2013

Betschon Franz & Geiger Louis. Erinnerungen an die Armee 61. Eine zeitgeschichtliche Dokumentation. Frauenfeld: Huber 2009

Betschon Franz. Das eurasische Schachturnier. Krisen, Hintergründe und Prognosen. Frankfurt/Main: R.G. Fischer 2009

Betschon Franz. Smart Tech statt Hightech. Überlegungen zu einer asymmetrischen Wehrtechnologiestrategie. In: blog.ggstof.ch/ Blog der Gesellschaft der Generalstabsoffiziere (fraktioniert), 20.10.2012

Bonjour Edgar. Geschichte der schweizerischen Neutralität. Basel: Helbing & Lichtenhahn 1970

Brzezinski Zbigniew. Second Chance. Three Presidents and the Crisis of American Superpower. New York: Basic Books 2007

Brzezinski Zbigniew. The Grand Chessboard. American Primacy and its Geostrategic Imperatives. New York: Basic Books 1997 (Deutsch: Die einzige Weltmacht. Amerikas Strategie der Vorherrschaft. Frankfurt: Fischer 1999)

Dürrenmatt Peter. Schweizer Geschichte. Zürich: Schweizer Druck- und Verlagshaus 1963

Feldmann Oberst im Generalstab et al. (Hrsg.). Hundert Jahre Schweizer Wehrmacht. Bern: Hallwag 1935

Gafner Beni. Armee am Abgrund. Einsiedeln 2007

Goldman David P. Nach-US-Welt, geboren in Phnom Penh. In: Zeit-Fragen, 19.12.2012

Gruppe Giardino. Schwarzbuch I. Greppen: Frühjahr 2011

Gruppe Giardino. Schwarzbuch II. Greppen: Herbst 2011

Guldimann Tim. Die Schweiz leidet unter einem Kleinstaaten-Komplex. In: Neue Zürcher Zeitung, 1.4.2010

Haudenschild Roland (Hrsg.). Von der Armee 61 über die Armee 95 und die Armee XXI zum Entwicklungsschritt 2008/11. Schriftenreihe der Eidgenössischen Militärbibliothek und des historischen Dienstes, Nr. 39/2009

Hilbi Hubert (Divisionär aD). Die innere Sicherheit. In: ASMZ 10/2010, S. 8

Hummler Konrad. Der Kampf ums Eingemachte. Anlagekommentar der Bank Wegelin & Co. St. Gallen, 17.3.2008

Hummler Konrad. Wohlbefinden unter dem Damoklesschwert. Anlagenkommentar der Bank Wegelin & Co. St. Gallen, 22.3.2010

Isler Thomas & Biswas Chanchal. Krieg ohne Risiko. In: NZZ am Sonntag, 30.12.2012

Küchler Simon (Korpskommandant aD). Die Armee XXI verletzt den Milizgedanken. Interview. In: Tages-Anzeiger, 2.4.2003

Küchler Simon (Korpskommandant aD). Miliz und Verteidigung – verfassungsrechtlich beurteilt. In: Pro Militia 04/2010

Kunz Hans-Rudolf. Dokumente der Grenzbesetzung 1914–1918. Frauenfeld: Huber 1970

Lobe Adolf. Modern sein. Abschied von einem monumentalen Anspruch. In: Neue Zürcher Zeitung, 21.12.2012

Looser Gaudenz. Suworows Weg durch die Schweiz. Glarus: Baeschlin 1999

Maissen Thomas. Geschichte der Schweiz. Baden: Hier & Jetzt 2010

Primakow Jewgenij. Im Schatten der Macht. Politik für Russland. München: Herbig 2001

Schaub Rudolf P. (Dr. iur. Rechtsanwalt). Wider die Verfassung. In: Schweizer Soldat 01/2013

Scholl-Latour Peter. Russland im Zangengriff. Putins Imperium zwischen Nato, China und Islam. Berlin: Propyläen 2006

Schwarz Klaus-Dieter. Sicherheitspolitik. Analysen zur politischen und militärischen Sicherheit. Bonn: Osang 1978

Siegenthaler Werner & Stoll Bernhard. Integrierte Flieger- und Raketenabwehr. In: ASMZ 08/2012, S. 30

Sievert Kaj-Gunnar. Fähigkeit zum Erdkampf. In: Schweizer Soldat 06/2010, S. 13

Somm Markus. General Guisan, Widerstand nach Schweizerart. Bern: Stämpfli 2010

Spillmann Kurt R. & Künzi Hans. Karl Schmid als strategischer Denker. Forschungsstelle für Sicherheitspolitik und Konfliktanalyse der ETH Zürich. Zürich 1997

Suter Hermann et al. Das Feldarmeekorps 2 in der 100jährigen Geschichte der Schweizer Armee. Ein Beitrag zur Geschichte des Militärwesens. Kdo FAK 2 (Hrsg.). Derendingen: Habegger 1975

Suter Hermann. 50 Jahre Felddivision 8, 1938–1988. Adligenswil: Ringier Print 1988

Tilgner Ulrich. Die Logik der Waffen. Westliche Politik im Orient. Zürich: Orell Füssli 2012

Ulfkotte Udo. Vorsicht Bürgerkrieg! Was lange gärt wird endlich Wut. Rottenburg: Kopp 2009

Urner Klaus. Die Schweiz muss noch geschluckt werden – Hitlers Aktionspläne gegen die Schweiz. Zürich: Verlag Neue Zürcher Zeitung 1990

Verein Sicherheitspolitik und Wehrwissenschaften (VSWW). Aktuelle geopolitische Entwicklungen und ihre Auswirkungen auf die Schweiz. September 2011

von Arx Bernhard. Konfrontation. Die Wahrheit über die Bourbaki-Legende. Zürich: Verlag Neue Zürcher Zeitung 2010

von Matt Othmar. Armee: Hunderte von Millionen für Informatik-Berater. In: Der Sonntag (Sonntagsausgabe der Aargauer Zeitung), 15.8.2010

von Tscharner Benedikt. Inter Gentes. Staatsmänner, Diplomaten, politische Denker. Gollion: Infolio 2012

Wirz Heinrich L. & Strahm Florian A. Der Tiger-Teilersatz in temporären Turbulenzen, eine chronologische Dokumentation mit Daten, Fakten, Zahlen und Zitaten für das Jahr 2012. Schriftenreihe der Eidgenössischen Militärbibliothek und des Historischen Dienstes. 50/2013

Wirz Heinrich L. & Strahm Florian A. Armee, Bund und Kantonale Militärhoheit. Die verfassungsrechtliche Zentralisierung des schweizerischen Wehrwesens und ihre Folgen. Schriftenreihe der Eidgenössischen Militärbibliothek und des Historischen Dienstes. 45/2010

Die Autoren

In alphabetischer Reihenfolge

Barben Judith. Dr. phil. Psychologin, Buchautorin und Verlegerin. Psychotherapeutin in eigener Praxis, früher Primar- und Sonderschullehrerin, 8512 Thundorf

Betschon Franz. Oberst im Generalstab aD, zuletzt als Unterstabschef Logistik Flieger- und Flabtruppen und anschliessend im Armeestabsteil Nachrichtendienst, 1985–2005 Mitglied des International Institute for Strategic Studies (London), Dr. sc. techn. ETHZ und Harvard Business School (USA), Industrie- und Verwaltungsratskarriere, Autor mehrerer Bücher über Sicherheitspolitik, Heiden AR

Häsler Heinz. Korpskommandant aD, ehemaliger Generalstabschef, vormals Kommandant Feldarmeekorps 2, Felddivision 3, Unterstabschef Planung, 3814 Gsteigwiler

Jagmetti Carlo. Oberstleutnant im Generalstab aD, Dr. iur. Rechtsanwalt, Botschafter der Schweiz unter anderem in Seoul, Paris und Washington, während fünf Jahren Chef der Schweizer EU-Vertretung in Brüssel, 8702 Zollikon

Schlachter Willy. Oberstleutnant aD, Prof. em. Dr. sc. techn. ETHZ, Industriekarriere bei Sulzer und BBC/ABB, Lehrtätigkeit und Führungsfunktionen an den Fachhochschulen Aargau und Nordwestschweiz, 5212 Hausen

Stelzer Willy P. Major aD, Industriekarriere, Gründer und langjähriger Inhaber der Firma «Stelzer & Partner Consulting AG» (heute «EMA Partners Switzerland AG»), Kaufmann und Executive Search und Management Consultant, 8604 Volketswil

Suter Hermann. Oberstleutnant aD, Dr. phil., Präsident der *Gruppe Giardino,* viele Jahre Kantonschullehrer für Geschichte und Rektor des Lehrerseminars Luzern, später Vorsteher des Kantonalen Amtes für Zivilschutz und Chef des Krisenstabes Luzern, 6404 Greppen

Villard François. Oberstleutnant aD, Experte für Sicherheitsfragen und Krisenmanagement, Inhaber einer Firma für Luftsicherheit names Air Safety Security Services, 1234 Vessy-Genève

Der Eikos Verlag publiziert Beiträge zu aktuellen Themen, die zu einem Zusammenleben in Würde, Frieden, Freiheit, direkter Demokratie und Gleichwertigkeit beitragen und die Unumstösslichkeit des Völkerrechts, der Menschenrechte und des Humanitären Völkerrechts bekräftigen. Der Verlag ist politisch und finanziell unabhängig und konfessionell neutral.

www.eikos.ch